Lutz Rathenow

Mit dem Schlimmsten wurde schon gerechnet

Serie Piper
Band 935

Zu diesem Buch

»Rathenow gehört zu der Generation, die nichts anderes als die DDR-Wirklichkeit erlebt hat. Er kann diese Wirklichkeit als normal schildern – und eröffnet damit seinen Lesern in der Bundesrepublik die Möglichkeit, in dieser Normalität das mit unserer Normalität Gemeinsame zu entdecken. Es ist mehr, als wir glauben.« Süddeutsche Zeitung

»Es geht ihm um die Gleichzeitigkeit von banaler Ordnung und unabwendbarer Katastrophe, um das Nebeneinander von leeren Phrasen und tiefen Emotionen, um das Ineinanderverwobensein von Gewohnheit und Grauen.« FAZ

Lutz Rathenow, geboren 1952 in Jena. Abitur, Armeedienst, Studium, Tätigkeit als Transportarbeiter. Ende 1977 Übersiedlung nach Ost-Berlin, dort Theaterarbeit und freier Schriftsteller. 1984 erschien »Boden 411«, ein Band mit Texten und Szenen, 1986 »Ostberlin – die andere Seite einer Stadt in Texten und Bildern«, den er zusammen mit Harald Hauswald publizierte.

Lutz Rathenow

Mit dem Schlimmsten wurde schon gerechnet

Erzählungen

Piper
München Zürich

»Mit dem Schlimmsten wurde schon gerechnet«
erschien erstmals 1984
im Ullstein Verlag, Frankfurt, Berlin, Wien.

Von Lutz Rathenow liegt
in der Serie Piper außerdem vor:
Zangengeburt (654)

ISBN 3-492-10935-7
Januar 1989

Umschlag: Federico Luci,
unter Verwendung des Gemäldes »Planspiel« (1981)
von Jürgen Waller
Satz: Ebner Ulm
Druck und Bindung: Clausen & Bosse, Leck
Printed in Germany

Erst wenn wir auch die Ruinen zerstören, haben wir alles zerstört. Aber dazu gibt es nur eine Möglichkeit: schöne ordentliche Bauten daraus machen.

(Alfred Jarry)

I

Ohne Anfang

Die letzten Töne der Gruppe. Das Band ist zu Ende. Sie hat die Augen noch geschlossen. Er löst sich aus der Umarmung und geht zum Fenster. Jetzt stürz ich mich raus, sagt er. Mach mal das Joplinband, sie öffnet die Augen und hebt ihre Hände. Das Fenster klemmt. Ich lebe in einer Deutschen Demokratischen Republik, ruft er. Ihre Hände ballen sich zusammen, öffnen sich – werden Faust, auseinandergestreckt. Der Fenstergriff bewegt sich nicht, er pocht dreimal dagegen. Joplin, mach schon, sie betrachtet ihre Hände. Drei Stapel mit Bändern, er sucht die richtige Rolle. Morgen früh verschlafe ich, sie beobachtet ihre Hände, morgen früh werde ich nicht wissen wer ich bin, beobachtet die Bewegungen der Hände, nicht wissen wo und wann ich wer zu sein habe, die Hände drehen sich in der Luft, wo wann ich was, die Hände schneiden Spiralen, wo wann ich wie was zu tun habe. O Lord, want you buy me a Mercedes-Benz. Sein Kopf zuckt zurück, weil die Stimme plötzlich da ist. O Lord, want you buy me a colored TV. Er tritt zum Fenster und kann es jetzt öffnen. Sie schließt wieder die Augen. Neben den Beinen ihre Hände wippen im Takt. Er sieht, daß es draußen dunkel wird. Es zieht, sie spricht leise. Die Deutsche Demokratische Republik ist der erste deutsche Arbeiter- und Bauernstaat auf deutschem Boden in der deutschen Geschichte. Er bekreuzigt sich. Janis war doch die Größte, sie hebt das rechte Bein an, läßt es auf das Bett fallen. Er merkt, daß es draußen kühl ist. Janis, Lenin, Hendrix, Mao und Che, sie hebt das linke Bein und läßt es fallen. Cry Baby, singt Joplin. Und nun, er stützt die Arme auf den Fensterrahmen, nun werde ich mich abstoßen, werden meine Arme mich tragen über diese Stadt hinaus, er beugt sich vor, über dieses Land, alle Länder, hinweg über die Wolken, er schreit fast, fliegen irgendwohin, weg weg weg, er fällt in das Zimmer zurück. Du wirst dich erkälten, sagt sie. Er zögert, holt einen Stuhl, steigt auf den Stuhl, singt: Alte Not gilt es zu zwingen, und wir zwingen sie vereint, denn es muß uns doch gelingen, daß die Sonne schön wie nie über Deutschland scheint, über Deutschland scheint. Ihre gespreizten Hände auf dem Gesicht: ich möchte Königin sein und rote Fahnen werden auf meinen Palästen wehen. Wenig Arbeit werden sie mit mir haben, er steht noch auf dem Stuhl, ich bin so freundlich und bleibe nackt, ein kompakter Klumpen wird der Körper sein, sie müssen nicht erst die Sachen vom Fleisch ziehen. Bye, bye, Baby, o Baby, good bye. Mach lauter, sagt sie. Er steigt auf das Fensterbrett: Welchen Stock man wohl braucht, um vorher ohnmächtig zu werden? Sie sieht das Plakat an der Decke, ihre Finger zeichnen die Umrisse nach. Er steht auf dem Fensterbrett, gebückt, weil es zum Aufrichten zu eng ist, er steht auf dem Fensterbrett und spricht: Ich bin ein Vogel, gleich werde ich ein Stein sein. Aber mach das Fenster noch zu, sagt sie, ich frier schon. Er bückt sich. Auf dem Band eine Pause, dann Summertime. Er beugt sich vor, dreht sich herum, versucht ihr ins Gesicht zu sehen. Sie hat die Augen geschlossen und liegt ganz ruhig. Summertime, when the cotton is high. Diese Stimme, sagt er und springt neben den Stuhl. Er dreht das Tonbandgerät voll auf und legt sich neben sie. Warum die bloß Rauschgift, ihre Hand kommt auf seine Brust. Why not, er lacht, dein Körper ist schön, er streichelt ihren Hals, eine verführerische Leiche könntest du sein. Sie richtet sich auf: Nein, jetzt legst du dich unten hin. Als nächstes wird Janis Joplin Peace of my heart singen – er liegt, ohne sich zu bewegen. Als nächstes werden wir mit der Weltrevolution beginnen, ihre Hände halten sein Gesicht. Und uns zuvor abwechselnd aus den Fenstern stoßen, seine Arme auf ihren Rücken. Janis Joplin beginnt mit Peace of my heart. Er öffnet den Mund. Laß das jetzt, sagt sie und schließt die Augen.

Das Erwachsenwerden

Dieser sogenannte Ernst des Lebens
Einst betrachtete ich ihn voller Ehrfurcht
Jetzt muß ich lachen

Nicht mehr in der Nase popeln sonst werden die Löcher riesig und keiner traut sich mehr, dich anzusehen. Sagte die Mutter und nickte bestätigend mit dem Kopf. Er blickte nach jedem Herumfingern, meist ohne Absicht geschehen, ein Teil seines Körpers nahm mit einem anderen Teil Kontakt auf, ohne das übergeordnete Organ zu befragen, in den Spiegel und war erleichtert, noch keine Verstümmelung zu bemerken. Er kniff jenen Auswuchs zusammen den die Kameraden abwechselnd Zinken Kolben Runken Rotzrohr nannten, mit Daumen und Mittelfinger preßte drückte er: damit sich das Gebilde in der Mitte seines Gesichts nicht ausdehne. Und nachts träumte er von Schrumpfköpfen mit aufgeblähten Riechorganen: so geräumig daß der Wind wie in einen verlassenen Hut hineinfuhr und ihn anhob. Erst hörte an dieser Stelle der Traum auf, bei dem Gefühl maßloser Angst wenn seinen Füßen der Boden entzogen wurde. Später konnte er durch Zusammenziehen und Öffnen der Nasenlöcher Geschwindigkeit Flughöhe regulieren. Er stieg höher, keiner bemerkte dort oben die Häßlichkeit seines Gesichts, er spielte mit den Vögeln. Sie haschten einander versteckten sich in den Wolken, zerrissen diese wenn die Zeit heran war und Wolkenfetzen fielen als Schnee zur Erde.

Jetzt änderte er am Tag sein Verhalten und pulte, anfangs verschämt auf Abwesenheit jedwedes Beobachters achtend, dann zunehmend kühn in aller Öffentlichkeit und den Schulstunden. Er versuchte, die vorher ängstlich gemusterten Öffnungen zu weiten. Manchmal ermahnte ein Lehrer aber oft schien diesem ein Tadel peinlich und er mühte sich den Sachverhalt einfach nicht zur Kenntnis zu nehmen. Genauso wenig wie den regelmäßig masturbierenden Schüler der allerdings Lehrerinnen öfter zu einem geröteten Gesicht verhalf, eine Erfahrung, die die Klasse nutzte. So endeten Stunden kurz nach Beginn durch die Flucht jener mit der pädagogischen Führung betrauten Frau vor dem Keuchen der männlichen Klassenhälfte vor dem hastigen Reiben von Händen unter der Schulbank. Dazu das Gekicher der Mädchen. Ein von ihm angeregtes Nasenbohren der Jungen blieb dagegen erfolglos, da es die anwesende Lehrerin mühelos ignorierte. Doch für ihn war die Beschäftigung mit den beiden Löchern keineswegs abgeschlossen: jeden Tag versuchte er, sie größer zu machen, jeden Tag bestieg er einen Hügel den der Wind unversehrt erreichte, hob probehalber den Kopf, und hatte manchmal das Gefühl, er würde ein wenig klitzekleinwenig angehoben. Das entschädigte für die Enttäuschung, noch nicht zu fliegen, über dem Schulhof zu schweben: unten die kreischenden Freunde zu sehen, ohnmächtig auf den Kies sinkende Lehrerinnen, hysterisch werdende Lehrer von denen einer so laut aufschrie, daß er sich übergeben muß. Er aber holt mit der Nase kräftig Luft und schleudert den Paukern solch geballte Ladung Wind entgegen, daß alle Worte in die Münder zurückgedrückt werden, der Direktor verwirrt vom Hof flüchtet: verfolgt von der Furcht jenes an einen Schüler erinnernde Ungetüm könnte herunterkommen, oder was schlimmer wäre, sie kraft des Nase-erzeugten Sogs nach oben ziehen.

An all das dachte er als ihn die Mutter wieder beim Bohren erwischte: mit den üblichen Sätzen tadelte, er mußte lächeln, worauf sie erbost zu eindringlicheren Ermahnungen ansetzte. Er sah schon ihr in Staunen aufgelöstes Gesicht, wenn er über den Hof kreisen würde, die ständig verrutschende Fernsehantenne auf dem Dach mit ein paar Handgriffen in Ordnung brachte und sich mit einer lässigen Geste Richtung Himmel entfernte.

Auf dem Berge Sinai
wohnt der Schneider Kikriki.
Seine Frau die Margarete
saß auf dem Balkon und nähte:
fiel herab fiel herab
und das linke Bein brach ab.
Kam der Doktor Zippelmann
klebts ihr mit Spucke wieder an.

Obervolta hatte er im Atlas entdeckt. Die angrenzenden Länder längst vergessen, fiel ihm der Name ein als sie Stadt-Land-Fluß spielten. Dieses Mal wollte er zuerst zählen und begann mit dem laut gesprochenen A. Nach der Regel ging es leise weiter, b c d e, das Alphabet abwärts, bis ein anderer „Stop!" rief, der in jenem Moment gedachte Buchstabe genannt wurde. Er brauchte weder zählen noch denken: nannte mit sicherer Stimme das O und schnell standen Otto Oslo Ob Osterblume auf dem Papier. Daran dachten alle. Auch Berufe Sportarten fanden sich leicht, nur das Land nicht: Obervolta schrieb er allein auf. Die anderen Österreich, sonst hatten sie alles richtig aber Österreich war ein Ö und kein O, er hatte eben noch mehr richtig und ließ ein Ö nicht durchgehen: auch unter Freunden schließlich gab es ein Land mit O und wer Obervolta nicht kannte war selbst schuld. Da blieb er hart.

Oft saß er allein vor den Ländern verfolgte im Atlas den Verfall großer Reiche anhand historischer Karten, registrierte mit Genugtuung die abnehmende Zahl Kolonien, ließ in den verbleibenden Befreiungskämpfe aufflammen, die mit der Unabhängigkeit endeten, gründete eine Union der Kleinstaaten Gibraltar Andorra Monaco Vatikanstadt San Marino Malta Lichtenstein Belize Macao Hongkong

Lesotho Swasiland Gambia Singapur Katar Bahrein Sikkim, überlegte was wohl der Begriff „neutrale Zone“ zwischen Iran und Saudi Arabien bedeutete, ob Luxemburg Zypern Bhutan klein genug für seine Union seien, warum seine Heimatstadt kein selbständiger Staat wäre. Er führte Kriege und nutze das Tischfußballspiel als Schlachtfeldersatz: links Sowjetunion rechts Fidschi-Inseln. Oder Grönland gegen China, Grönland gewann. Die kleinen Länder hatten seine Sympathie und die mit den seltsamen Namen: Puerto Rico Barbados Trinidad und Tobago Guadeloupe Madakaskar Indonesien Paraguay. Bei den Kämpfen schummelte er in Maßen: selten schoß er absichtlich am Tor vorbei.

Oder ein Bleistift wurde in die rechte der andere in die linke Hand genommen und das Fechten begann: Auseinandersetzungen bis zur Ermüdung der Gliedmaßen, am Tag darauf in den Schulstunden erneut aufgenommen. Da gab es Tage an denen hätte er nicht sagen können, welche Art Unterricht sechs Stunden lang die Klasse zu beschäftigen versuchte, nur geschwollene Finger Schrammen blaugefleckte Kuppen bezeugten, daß er die Zeit nicht tatlos versaß. Seine Arbeit unterbrach höchstens die Frage des Lehrers, zu Hause auch das gemeinsame Abendbrot: Gefäße mit grünem Salat eher Becken als Schüsseln ähnlich warteten darauf vertilgt zu werden. Er focht mit seinem Vater um zartgelbe Blätter weiße Strunks die eigentlich nach wenig schmeckten, trotzdem begehrten beide diese harten blattlosen Stücke: vielleicht weil die Zähne einen Widerstand spüren wollten inmitten des aufgeweichten Zellgewebes, welches mühelos unzerkaut hinuntergeschluckt werden konnte. Das Gegeneinanderstoßen von Gabeln das Kratzen der Metallzinken auf dem Email begleitete diesen Wettstreit, der oft bereits in der Küche begann, wo jener Salat gewaschen aber ohne Zutat künftiger Verdauung entgegendöste. Die Mutter schnitt die Strunks schließlich in kleine Scheiben: ab da ging es friedlicher zu, denn bei zirka vierzig Scheibchen bekam jeder mehrere ab. Man schluckte wieder im Wohnzimmer ohne übermäßige Hast, lediglich die gewöhnliche Freßlust bemächtigte sich beider: ein Automatismus, der einmal in Gang gesetzt nicht ohne weiteres aufzuhalten war, genau wie bei Erdnüssen Salzstangen die nach einem Fließbandverzehr zu verlangen schienen.

Irgendwann sank Vater rülpsend in den Sessel und zwischen seinem braunen Haar glaubte der Sohn grüne Spitzen zu sehen. Der Geruch von frisch gemähtem Gras überschwemmte den Raum während Mutter Schnittlauch häckselte, auf Quarkbroten Lauchhügel entstehen ließ: Bergketten bis zu doppelter Brothöhe, die ihr Mund genußvoll zerstörte. Das war die Zeit, als seine Eltern noch miteinander sprachen, der Fernsehapparat nicht unablässig die Ohren fütterte.

Nach dem üblichen Streit über das Zu-Bett-Gehen betrat er das Bad: voller Spannung, ob heute das im Becken eingefüllte Wasser dreckiger als am Vortag würde. Einmal gelang es, die Wasseroberfläche unter den dunkel-grauen vom Dreck gesättigten Seifenflocken verschwinden zu lassen, da ging er heiter ins Bett. Ein Pochen an der Pappwand erinnerte an die Existenz seiner Schwester, er tappte ein wenig als Gespenst in der anderen Hälfte des ausgebauten Bodens umher: als die Schwester müde genug war, ging er zurück und begann sich zu fürchten. Um nicht einzuschlafen saß er im Bett, den Rücken an die Wand gelehnt. Ja nicht die Augen schließen. Sobald er nicht mehr in das Dunkel starrte, überrollten ihn kaum beschreibbare Armeen, er kannte die Wörter Ungeheuer Monster Ekel Abschaum widerlich – das alles faßte nicht seinen Schauder, und sein Verlangen, dieser Welt von Entsetzen keinen Einhalt zu gebieten.

Da waren Fratzen, die jäh versteinten.
Gliedmaßen, in Verwirrung geratend.

Ein konfuses Lallen.
Köpfe, an riesigen Füßen hängend.
Eine Landschaft aus Blitzen, die nur für Sekunden Konturen hervortreten ließen.

Gestalten, Tiere Krüppel Felsblöcke?, wollten etwas von ihm ohne daß er je gewußt hätte was. Doch es ging um Tod oder Leben.

So mühte er sich jeden Abend den Blick auf die mageren Lichtflecke hinter dem Fenster zu richten. Und tauchte doch immer ein in jene bizarren Bilder, ergab sich der grellen Landschaft, die im Verlauf des Traumes vertrauter wurde, gezähmter. Man konnte sich in ihr bewegen, der Boden brach nicht bei jedem Schritt, es galt weiter zu kämpfen: die Feinde wechselten ständig und waren nie ganz seine Feinde, er wurde verfolgt mußte verfolgen, man bedrohte ihn er bedrohte. Sicher gab es einen Sinn, der das ganze Treiben in Bewegung hielt, er erinnerte sich am Morgen nur an Gefahren Ängste kurze Triumphe und an das unvermeidbare Ende. Der Tod. Er starb jahrelang jede Nacht: hinterrücks erschossen von Brücken gestürzt erwürgt unter den Zug gekommen ertränkt erstochen und seltsame Arten des Sterbens die darin bestanden, daß ihm bewußt war er würde sterben. Der Schrecken seiner Tode verblaßte allerdings mit der Zeit: kurz bevor diese Art des Träumens von einer gänzlich anderen abgelöst wurde, in der Frauen die entscheidende Rolle spielten, erwartete er jede Nacht interessiert auf welche Weise er diesmal aus dem Leben scheiden würde. Er wettete mit einem Freund. Im Traum verfügte er nun über die Gewißheit, daß er träume und alles tun könne ohne die Folgen zu tragen. Nicht nur daß er einbrach Lehrer verprügelte Scheiben einschlug, er suchte seinen Tod. Er experimentierte: konnte man den Moment des Todes wirklich erleben, war es möglich, beim Sprung von einer Brücke den Aufschlag zu spüren. Er wanderte durch Städte auf der

Suche nach einer Bäckerei um herauszufinden, ob Kuchen auch in seinem Zustand süß schmeckte. Er legte sich, den Zug erwartend, auf Schienen, forderte Leute auf, ihn zu erstechen. An sich selbst Hand anzulegen vermochte er nicht: aber das Springen aus Häusern von Brücken fahrenden Zügen Türmen Felswänden wurde zu einer regelrechten Manie.

In der Zeit, als er seinen Tod noch fürchtete, war jeder Morgen eine Erlösung und die Schrecken des Tages schienen im Vergleich zu den durchlittenen gering. Bis zum Beginn der ersten Schulstunde vervollständigte er Hausaufgaben, dann nahmen ihn die Stiftduelle in Anspruch. Oder er verständigte sich mit dem Nachbarn über die aufgestöberte Hütte im Wald, oder man war dabei, den Lehrer konfus zu machen indem Schüler um Schüler aufstand und einen zusammengeknüllten Zettel zum Papierkorb brachte, oder er sang ein neuentdecktes Kinderlied in dem abgeschnittene Köpfe auftauchten, oder stach seinen Vordermann mit dem Zirkel, da der Unterricht eine reelle Prügelei verhinderte, oder er schrieb einen utopischen Roman, was respektiert wurde, so daß er kaum gestört ein Oktavheft nach dem anderen vollschmieren konnte: oft die Pausen durch zu Hause weiter bis ihn der Anblick der Landkarte an andere Pflichten erinnerte.

Ich möcht für tausend Taler nicht
daß mir der Kopf abwär:
da lief ich mit dem Rumpf herum
und wüßt nicht wo ich wär.
Die Leute schrieen all und blieben stehn:
Ei guck mal den ei guck mal den!

Am liebsten schoß er auf Menschen, auf Gegenstände zum Beispiel die Fensterscheiben der Nachbarn auch, nur Tieren wollte er nicht weh tun. Dafür Nachbar Schmücker, der sich dreimal über sein freches Benehmen beschwert hatte: eigentlich war er schon tot, mehrfach erschossen, man sah deutlich, wie er seitdem dünner wurde. Desweiteren zielte er auf Antennen: Antennen hielt er für eine gute Schulung.

Jetzt wartete er.

Die Maschinenpistole im Anschlag hockte er zwischen den Sträuchern, beobachtete die am Spielplatz vorbeiführende Straße. Vierzig Schritt rechts mündete ein Weg in sie ein, von dort würde er kommen: kurz nach zwei wie jeden Dienstag. Aus Büchern wußte er um die Notwendigkeit einer Tarnung, er hatte sich hinter einem Erdhaufen verschanzt Zweige steckten im Haar. Alles war vorausbedacht: ausreichende Munition der günstige Schußwinkel selbst die Lederjacke würde seinen Lehrer nicht retten. Vater Mutter sollten dankbar sein, daß er ihnen den Elternabend ersparte, drei Tage sprechen sie sonst über nichts anderes als das Problem einer sogenannten Besserung seines Verhaltens überhaupt des flegelhaften Benehmens eines großen Teils der Klasse, die zu den schulschwächsten punkto Disziplin zählte. Besserung klang wie besessen, zwei unangenehme Worte. Was sollte er die Eltern damit belasten, sie hatten so schon genug Probleme, ob es um das Besorgen eines Gasherdes ging die Bedienung des Fernsehgeräts die nicht befestigte Lampe. Er tat es in ihrem Interesse, wenn er ihnen eine Versammlung ersparte, zu der sie lustlos aus Pflichtbewußtsein trotteten.

Auf einmal sah er den Lehrer und ballerte los.

Er feuerte ohne Unterbrechung.

Da, sein Ziel zuckte ein wenig zusammen: ein erster Treffer, an den das Opfer nicht recht glauben wollte, denn es setzte den Weg fort ohne sich zum Schutz hinter die Bordsteinkante zu werfen, es floh vor den unaufhörlich prasselnden Geschossen – als eine Stimme über den Platz dröhnte. Er duckte sich, gern hätte er seine Gestalt aufgegeben, sich in einen Erdhaufen verwandelt einen Klumpen Dreck, der

Ruf der Mutter donnerte wie ein Geschütz und sein Name schien in jedem Winkel der umliegenden Häuser ein Echo zu finden. Er stand auf.

Der Lehrer hatte längst den Spielplatz passiert, grüßte die Mutter eines Schülers, blickte nach hinten und sah den erwarteten Sohn mit geschulterter Plast-MPi herantappen, der sofort „Guten Tag“ sagte, während die Hände Blätter aus dem Kopfhaar sortierten.

Die Mutter zerrte ihn wie einen defekten Gegenstand ins Haus, es hagelte Vorwürfe: Schularbeiten Sachen dreckig wieso Wandteller Sprung. Sie entwaffnete ihn und sagte: Es langt. Dann zertrat sie das Spielzeug.

Er schrie er weinte er rannte aus der Küche und wollte die Furie töten, das Wort Furie kannte er von Vater, er verbarrikadierte sich in seinem Zimmer. Da saß er hinter dem an die Tür gerückten Tisch und hoffte auf einen Angriff: sein Ausbleiben verstärkte die Wut, er grübelte wie man diese Provokation in angemessener Weise beantworten könne. Schließlich rückte er die Möbel an ihren alten Platz, holte Pfeil Bogen ein Ritterschwert vom Korridorschrank. Wenn die Eltern am nächsten Abend mißgelaunt von der Versammlung zurückkehrten, sich schon vor der Haustür annölend, er würde auf der Toilette sein und in jenem Augenblick die ersten Pfeile abschießen: falls es wider Erwarten einem gelänge, doch das Haus zu betreten, was danach sein Haus wäre, bliebe das Schwert. Nur verschlafen durfte er nicht.

Ninne ninne sause
der Tod steckt hinterm Hause.
Er hat ein kleines Körbelein
da steckt er böse Kinder rein.
Die guten läßt er sitzen
kauft ihnen rote Mützen.

Er eilte zu seinen über dem halben Teppich ausgebreiteten Landkarten: ein neues Spiel, er bastelte Kontinente. Ein Schulatlas war schon zerschnitten: vor ihm lagen die Länder das Meer was er für die Lücken zwischen den Staaten verwenden wollte, da diese sonst nicht richtig ineinanderpaßten. Auch hatte so jeder seinen Teil Wasser. Die neuen Kontinente sollten in ihrer Form an die alten erinnern, die Namen wollte er beibehalten, nur die Anordnung der Länder galt es neu zu regeln. Ferner würde er große Staaten vierteilen, sonst gewänne ein neuer Kontinent nie das von ihm gewünschte vielfarbige Bild: annähernd gleichgroße Staaten gewährleisteten auch friedfertige Beziehungen.

Er klebte ein Stück Wasser aus der ehemals intakten Landkarte auf die erste Pappe und Südamerika war fertig:

ganz oben Belgien

darunter Frankreich Burma Madagaskar

Guatemala Island Portugal Finnland Laos

Niger Israel Afghanistan Rumänien Südkorea Panama

DDR Kenia Syrien Irland Viertelaustralien

Sudan Thailand Italien

Schweden Ghana

Japan

Hongkong Andorra Vatikanstadt setzte er als Inseln auf die drei größten Flecken Meer zwischen den Ländern. Dann dachte er, er hätte genug gearbeitet und könne sich eine Pause leisten, er griff unter das Bett und zog zwischen Buchseiten versteckte Fotos hervor: eine Sammlung nackter Frauen aus dem Magazin, die rasch den neuen Kontinent und umliegende Karten bedeckten. Eine Frau gefiel ihm besonders: auf drei Bildern war sie in jeweils unterschiedlicher Pose zu sehen. Er griff nach dem Wecker und onanierte: die Frau vor ihm bewegte sich, er spürte die Berührung ihrer Brust die Wärme des Schoßes.

Der Geruch der Samen. Die Staubausdünstung des Teppichs.

Wenn er prüfte, ob sich jemand dem Zimmer näherte, setzte für Momente sein Keuchen aus. Zweimal ertappten ihn die Eltern bei dieser Beschäftigung, die er früher im Beisein der Schwestern vollführte. Einmal rieben sie gegenseitig ihr Geschlechtsteil, was in ihm heftige Schuldgefühle auslöste, so daß er fortan allein masturbierte. Deine Hände werden krank, sagte die Mutter das erste Mal und schlug ihn. Beim nächsten Entdecken blieb es bei Vorhaltungen den Prophezeihungen künftiger Krankheiten. Vater äußerte sich dazu nicht: offenbar war er außerstande über sexuelle Dinge zu sprechen. Mutter dagegen ließ später sogar das Drohen als sie jene Sammlung von Aktbildern aufstöberte: sie setzte ihren Sohn auf einen Stuhl im Wohnzimmer, schloß die Tür und fragte, was denn an diesen Frauen besonderes sei, sie würde nackt genauso aussehen. In seine Erleichterung über die harmlose Reaktion mischte sich Heiterkeit bei der Vorstellung, seine Mutter in jenem Magazin wiederzufinden, aus dem er später keine Bilder mehr riß, er legte es aufgeschlagen auf den Teppich oder das Bett und machte es dann schon mit dem Wissen, daß gesundheitliche Schäden nicht zu befürchten waren. Er hatte ein Buch gelesen.

Am Tag der Geburt seines ersten Kontinentes verfügte er über jene Gelöstheit nicht, er hielt das Abfaulen der Hände zumindest ihr Schrumpfen für möglich: deshalb umgriffen seine Finger einen Wecker, der auf dem bereits zum zweiten Mal steif werdenden Glied hin und her rutschte. Neben dem Wecker nutzte er zusammengerollte Zeitungen Flaschen Aschenbecher, Bücher waren unhandlich, Handschuhe Kleidungsstücke ließ er als Schutz vor einer direkten Berührung der Haut nicht gelten, denn diese wollte er vermeiden. Neben der Angst vor Krankheiten war es wohl eine Art Strafe eine Demütigung: das vorhandene Schuldgefühl wegen dem er sich größtmöglichstes Lustempfinden verweigerte. Doch der schöne Schauer beim Erregen des nur durch die

Hand bedeckten Gliedes, nicht immer widerstand er jener Versuchung.

Aber an diesem Nachmittag, wo er sich dann träge auf dem Teppich lümmelte und Gelegenheiten ersann, bei denen die Frau aus dem Magazin und der neugegründete Kontinent zueinanderfanden. Die Zeit hatte ihn nicht so fest im Griff, daß er dem Ticken einer Uhr nachgeben und eine bestimmte Tätigkeit aufnehmen mußte, ein Ekel war ihm das Klingeln des Weckers, mit dem der früh das Erwachen erzwang. So lag er also da.

Herausgerissen aus dem Zustand des Dahindösens erst durch das Abendbrot bei dem er äußerst unkonzentriert um seinen Salatteil kämpfte, Vater mußte ermahnen, da ihn das Überlegen um die Form seiner neu zu schaffenden Welt ganz in Anspruch nahm. Denn eine Kugel würde er kaum zustande bringen. Diese Gedanken verschwanden am Bett seiner Schwester, der er Lieder vorsang: die Texte kannte er aus einem Buch, die Melodien erfand er. Die Schwester wollte nicht schlafen und er spielte ein Stück: Drachen Hexen arme Ritter Haifische jagen sich durch Städte, Meere, Leichen purzeln aus Kaminen alter Schlösser, Blut entströmt Wasserhähnen, deren Leitung Hexen an den Friedhof anschlossen, finstere Gestalten häckseln Leichen, die andernorts unversehrt auferstehen. Das alles wegen zwei Kisten Sahnebonbons in einem versunkenen Schiff. Er imitierte gut verschiedene Stimmen, baute Lieder in die Handlung ein, auch ein selbstgedichtetes:

Ich bin ein Drachen
und hab gut lachen:
Wer mir nicht paßt
der wird verpraßt!
Jetzt will ich schlafen gehn
wir werden morgen sehn
wer was gegen mich bezweckt
abends schon im Bauche steckt.

Die Schwester lachte sehr über diesen ewig hungrigen Drachen mit den hundert Köpfen, der so dumm und gefräßig war, daß ein Kopf aus Versehen öfter einen anderen verschluckte.

Schluckauf und ich
gingen übern Steg:
Schluckauf fiel rein –
ich lief weg.

Das Platzen der Frösche auf dem Asphalt.

Das Geschrei einer Frau wegen dem Krach.

Ihr schwerhöriger Mann beugt sich aus dem Fenster und brüllt: Schießen sie wieder? Ich habs immer gesagt, dreißig Jahre sag ich, daß es Krieg gibt.

Mörder, ruft die Frau, gottverdammter Verbrecher.

Paß auf, daß er nicht vorher kaputt geht, ermahnt der Freund und zeigt ihm wie man den Strohhalm in den After schiebt. Jetzt blasen, sagt er und setzt ihm das Tier auf die Hand.

Er schließt die Augen und bläst.

Die Laute des Tieres. Das Jammern der Frau. Und ein Hör-doch-auf! des Schulkameraden, nicht-in-der-Hand-schon-zerdrücken.

So sah er zu, wie der ihm den Frosch wieder wegnahm aufblies hochschleuderte, das Tier zerknallte auf der Straße.

Er hatte Tiere eigentlich gern. Einmal erschlug er im Beisein jüngerer einen Feuersalamander auf dem Schulhof. Tierquäler, schrieen die Kinder. Tierquäler, sagte eine Lehrerin. Na und, entgegnete er schnippisch und lächelte um seine Scham zu verbergen. Katzen jagte er nie, beim Vögelschießen im Garten eines Freundes spielte er selten mit: bei Abwesenheit der Eltern knallten sie dort auf alles was flog. Dieser Freund erledigte einmal fünfzehneinhalb in zwei Stunden, über die Bewertung des halben stritten sie denn er war nur angeschossen, mußte gefangen und im Wasserbassin ersäuft werden.

Für mutig galt, wer einen Regenwurm schluckte. In den Mund stecken und kauen, er tat es. Abwaschen durfte man ihn vorher: sonst gab es Krätze Ruhr Pocken Läuse Dünnschiß, das hatten ihnen die Eltern eingebleut. Regenwürmer waren keine richtigen Tiere, denn diese liebte er wie die Fische in den Aquarien: ihre Bewegungen voller Unruhe und mit einem kaum ergründbaren Sinn. Er spielte mit dem Goldhamster bei Bekannten, streichelte Hunde, fütterte im Winter die Vögel im Garten. Ab und zu quälte er Mädchen: drehte ihnen die Arme herum bis der Körper nachgeben sich beugen mußte, wie die anderen hatte er Spaß an ihrem Geschrei. Die Lust mitzuschlagen, wenn mehrere in ein Gerangel verwickelt sind, das Bedürfnis, jemandem Schmerz zuzufügen.

Und dann die Beschäftigung mit den Ameisen: diese Wesen, die er auch nicht zu den Tieren zählen mochte, oft beobachtete er im Wald den Bau ihrer Hügel. Bei kühlem Wetter hielten sie sich in ihrer Behausung verborgen, die man mit einem Stock jäh zum Leben erwecken konnte: er stocherte stieß stampfte rührte in jenem Haufen, dann arbeiteten die Füße. Alles zu zertreten schaffte man nie, irgendwo krabbelte es erneut.

Oder er verfolgte sie auf dem Hof, zerdrückte sie einzeln auf den Steinplatten, ihre Chance waren die Ritzen zwischen den Platten: der erdähnliche Dreck gab nach, wenn Fingernägel hineinstießen.

Wasch dir die Hände, befahl die Mutter, wenn ihr Sohn einen Nachmittag mit Ameisentöten verbracht hatte.

Es soll gesund sein, entgegnete er und griff zu Seife Bürste, die ihm seine Mutter entgegenhielt.

Er veranstaltete mit einem Schulkameraden Jagdwettbewerbe: jeder bekam ein Quadrat aus vier Steinplatten zur Aufsicht. Ein totes Tier bedeutete einen Pluspunkt, eine die lebend dem Abschnitt entfloh ein Minus. Waren sie des Vernichtens müde, ließen sie die Ameisen auf ihre Hände krabbeln: bis zur Fingerkuppe, wieder zurück, wo sie den Weg von einem Finger versperrt fanden, so daß sie umkehrten auf andere Hindernisse stießen, sie kletterten darüber und waren auf einmal auf einer anderen Hand, die auch keinen Ausweg bot, keinen Schutz keine Ruhe, so daß ihr immer schnelleres Umherirren in einem besessenen Aufundabrasen endete. Drohte das langweilig zu werden, schnippten sie die Tiere von der Hand oder zerdrückten sie doch: der Geruch nach dem sein Freund und er süchtig waren.

Und sie wanderten aller Lebewesen überdrüssig in den naheliegenden Wald, wo eine halb zerfallene Hütte auf sie wartete. Hier sah er einen praktischen Anfang der neuen Kontinente, hier konnte er Entdecker Pirat Freiheitskämpfer Pilot Geheimpolizist Herrscher Sportler Schlagersänger Einsiedler sein. Hier rauchten sie zu zweit zu dritt die ersten Zigaretten und sprachen über Amerika den Zweiten Weltkrieg Orgasmus Abtreibung China als wäre ihnen dies vertraut wie die Wohnung der Eltern. Im Winter wurde ein Feuer entfacht, er konnte endlich das Spiel mit den Flammen ohne Störung genießen, während man ihm sonst schon das Vergnügen an Kerzen vergällte. Und was waren Kerzen gegen jene Auswüchse wärmenden Lichts, die er durch Holzscheite hochschnellen lassen, mit Pappstücken herabdrücken konnte: bis sie sich fast am Boden verkrochen. Es schien nur natürlich, daß sich die Flammen gegen unaufhörliche Dressur einmal zur Wehr setzten: an einem naßkalten Tag sich nicht mehr einschüchtern ließen von den beiden Jungen, die verbissen auf das die Holzbank erfassende Feuer einschlugen, welches sich gierig ausbreitete und endlich den Raum in Besitz nahm, den man ihm so lange verweigert hatte.

Sein Freund und er rannten los.

Durch den Wald die Straßen die Treppe zum Zimmer hinauf, wo er erst vor seinem Atlas ein wenig Ruhe gewann und sich setzte. Nun würde es auf sie zukommen, Gegenwehr konnte es nicht geben, die Flammen nahmen was sie wollten. Eine aufregende Sache: dieses Erkennen, was für eine Bedeutung sein Leben plötzlich für andere gewann.

Er trat zum Fenster, verwundert, weil noch kein Rauch über dem Wald aufstieg, doch als er sich in die Stille seines Zimmers zurückbeugte, war ihm, er habe schon ein wenig vom Brandgeruch gespürt.

Der Eintritt

Er zögerte zum zweiten Mal. Es war gar nicht so leicht, das Richtige zu tun. Vor dem Eintreten in das Zimmer mußte natürlich geklopft werden. Aber er durfte nicht zu laut klopfen, weil das herrisch und aufdringlich wirkte, und der da drinnen ihm zum Trotz (um zu zeigen, wer hier die Macht hat) nicht öffnen würde. Aber er durfte nicht zu leise klopfen, weil das überhört werden konnte oder auf jeden Fall einen ungünstigen Eindruck, ja, den Anschein von Schüchternheit hinterließ, so daß der da drinnen erst recht nicht (schon aus Bequemlichkeit) öffnen würde. Es durfte nicht anmaßend, durfte nicht unterwürfig wirken: die goldene Mitte galt es zu treffen. Da er noch neu war im Haus, mußte man besonders aufpassen, keinen Fauxpas zu begehen.

Er hörte auf die Geräusche im Zimmer.

Er hörte nichts.

Vor allem nicht ungeduldig werden, sagte er sich.

Aber er durfte auch nicht zu lange stehen bleiben, denn wenn einer ihn plötzlich entdeckte, könnte es aussehen, als ob er horchen würde. Oder sich nicht getraute anzuklopfen.

Am besten sein Anliegen vertagen und in die Kantine frühstücken gehen, überlegte er. Vielleicht fand sich dort einer, der auch hierher wollte, und er könnte dann gleich mitgehen.

Nachruf

Ein paar Fasern vom letzten Bissen Rindfleisch sind zwischen die oberen Schneidezähne geraten, und während die Frau den Teller hinausträgt, versucht er mit dem Zeigefinger, dann mit dem kleinen, die Fleischreste herauszukratzen.

Der Mann schabt zwischen den Zähnen, stochert mit einem halbierten Streichholz, dreht den Finger um neunzig Grad – bis er es aufgibt.

Rechte und linke Hand liegen vor ihm auf der Tischplatte. Er sitzt bequem, sein ausgestrecktes rechtes Bein stößt fast an die Couch. Die steht knapp zwei Meter von ihm entfernt und ist mit dunkelrotem Stoff bezogen. Links schließt sich eine Kommode an, zu der der Mann seinen Kopf wendet.

Auf der vorderen rechten Ecke des Möbelstückes liegt die Tageszeitung. Akkurat zusammengefaltet, obere Hälfte der Titelseite sichtbar, so, daß die Schlagzeilen vom Tisch aus zu lesen sind. Seine Frau beherrscht das aus dem ff, schließlich leben sie dreißig Jahre zusammen – Zeit genug, seine Gewohnheiten als Selbstverständlichkeiten zu begreifen.

nicht wie Rotkäppchen vom rechten Weg locken lassen

Er schiebt den Stuhl weg, steht auf, geht die drei Schritte zur Kommode, greift mit der linken Hand nach der Zeitung – geht zum Stuhl zurück, läßt sich auf ihn fallen. Der übliche Ablauf beginnt.

Der Mann lehnt sich zurück,

linke Hand streicht über straff gespannten beachtlich vorgewölbten Bauch,

rechte Hand ordnet spärliches Haar,
beide Hände fahren konzentriert über die Augen,
sinken zurück auf den Tisch.
Pause.
Er wendet sich der Zeitung zu.

Beim Ausbreiten wird darauf geachtet, daß unterer Zeitungsrand und Tischkante eine exakte Linie bilden, das Papier ohne Wölbungen Huckel auf der Tischdecke anliegt.

Der Mann überfliegt die Seiten.

Innenpolitik Außenpolitik Wirtschaft Kultur Sport Gemischtes.

Erst beim Wetterbericht in der unteren rechten Ecke der letzten Seite verharrt er und studiert diesen aufmerksam. Ein Tief kündigt sich an.

Seine Frau betritt leise das Zimmer.

Sie stellt in zehn Zentimeter Abstand zur oberen linken Zeitungsecke eine Kaffeetasse ab und verläßt den Raum.

Ohne den Kopf anzuheben bewegt sich seine Hand zur Tasse, greift den Henkel, der eine Parallele zur Tischkante bildet, führt das Gefäß zum Mund. Da der Kaffee, wie meist, noch zu heiß ist, setzt er die Tasse in zehn Zentimeter Abstand zur oberen linken Zeitungsecke wieder ab.

erschütterung zeichnet unsere schläfen

Der Mann lehnt sich zurück,
linke Hand streicht über straff gespannten beachtlich vorgewölbten Bauch,
rechte Hand ordnet spärliches Haar,
beide Hände fahren konzentriert über die Augen,
sinken zurück auf den Tisch.
Pause.
Nun wird die Zeitung eine Seite zurückgeschlagen.
Kleinanzeigen Großanzeigen Sterbeanzeigen.

Seine Haltung gewinnt an Würde. Er betrachtet die schwarzumrandeten Felder.

Betrachtet sie lange.

Vier Anzeigen zählt er heute, das ist wenig, der Durchschnitt liegt bei sechs. Sechs komma zwei genau gesagt, montags sind es sieben komma vier und samstags zwei komma neun. Gelegentlich auftauchende schwarze Kreuze erfreuen sich seiner besonderen Beliebtheit, die sind heute nicht dabei.

tretet still zu meinem grabe gönnt mir meine ruh denkt was ich gelitten habe eh ich schloß die augen zu

Der Mann liest die Anzeigen nacheinander, liest sie langsam. Liest sie von oben nach unten und stellt fest, daß eine wirklich herausragende Arbeit fehlt. Liest sie von unten nach oben – keine, die in etwa mit der seinen vergleichbar wäre.

Diese befand sich seit einem halben Jahr unter Verschluß im Schreibtisch. Acht Monate hatte er intensiv gearbeitet, bis ein Text zustande kam, mit dem er zufrieden sein konnte. Es sollte keine gewöhnliche Anzeige werden, sondern ein Vermächtnis, sein Lebenswerk gewissermaßen, konzipiert für zehn mal zehn Zentimeter.

Bei diesem Gedanken lehnt sich der Mann zurück,
linke Hand streicht über straff gespannten beachtlich vorgewölbten Bauch,
rechte Hand ordnet spärliches Haar,
beide Hände fahren konzentriert über die Augen,
sinken zurück auf den Tisch.
Pause.
Und noch einmal werden die vier Anzeigen gelesen.

gott sei mit dir bis zum wiedersehen

Eine, gleich neben der Werbung für den diskreten Versand hygienischer Präservative, gefällt ihm eigentlich doch recht gut. Er überlegt und entschließt sich, jene in seine Sammlung ausgewählt schöner Todesanzeigen aufzunehmen. Zwar nicht in das Buch mit den herausragend schönen, aber für die einfach schönen genügt es, und er kann seiner Frau demnächst eine Neue vorlesen. Ein wenig Abwechslung muß sein.

Also wird diese eine dann von ihm ausgeschnitten und eingeklebt werden.

Die linke Hand greift zur Kaffeetasse, erfaßt den Henkel, führt das Gefäß an den Mund. Der Mann schlürft den Kaffee, der schon zu kalt ist.

Dann setzt er die Tasse zurück, schließt die Zeitung, faltet sie zusammen – darauf achtend, daß keine Knicke oder Risse in das Papier kommen.

Mit dem Hintern schiebt er den Stuhl weg, steht auf, geht die drei Schritte zur Kommode und legt die Zeitung ab – die obere Hälfte der ersten Seite so, daß die Schlagzeilen vom Tisch aus zu lesen sind.

o schicksal wie bist du so hart

Der Mann geht zurück zum Stuhl, setzt sich auf das karierte Polster,

lehnt sich zurück,

linke Hand streicht über straff gespannten beachtlich vorgewölbten Bauch,

rechte Hand ordnet spärliches Haar,

beide Hände fahren konzentriert über die Augen,

sinken zurück auf den Tisch.

wir gedenken seiner in trauer

Der Hampelmann

Bequem mit halbausgestrecktem Arm erreichbar, handtellergroß, natürlich bunt. Seit dem zweiten Geburtstag hing er über seinem Bett.

Vier Jahre und an die gegenüberliegende Wand wurde ein weiteres gestellt, darin die Schwester. Irgendwann (das ihm verwandte Mädchen konnte schon sprechen, auch laufen, ohne sich an Möbelstücken im Zimmer festhalten zu müssen) spürte er in sich ein Gefühl, für das er das Wort »Neid« noch nicht kannte; den schmerzhaften Gedanken, daß ihr von Eltern und Verwandtschaft mehr Beachtung zukam. Ein Empfinden vergleichbar mit Zahnschmerz, auftauchend jäh, betäubt mit Schokolade und freundlichen Gesten, vergessen vielleicht, bis es erneut auftritt, unerwartet, heftiger als vorher.

Die Schwester und er führten abends Gespräche, balgten sich, spielten Verstecken, Lampenzielwurf mit dem Hausschuh oder Ich-sehe-was-was-du-nicht-siehst. Keiner wollte einschlafen.

Also erzählte er, der Ältere, der die Welt kannte. Und sprach mit zwei Stimmen, die tiefere sollte dem Hampelmann gehören.

Zuerst gab es Märchen, Gruselgeschichten, die die Schwester bis in die Träume verfolgten. Alte Männer bissen kleinen Mädchen ins Genick, um ihnen das Rückenmark auszusaugen. Fleischermeister lockten Kinder beim Einkauf zu einer Fallgrube, um sie dann im Keller zu schlachten und zu Büchsenfleisch zu verarbeiten.

Aufhören, bat die Schwester manchmal, was ihn nur zu größerem Eifer anspornte.

Der Hampelmann wollte Süßigkeiten. Er bekam sie.

Eine Banane sollte auf den Nachttisch des Bruders gelegt werden.

Sie wurde.

Die Mutter merkte etwas, Vater und sie erfuhren von der Sache, erklärten der Tochter den Unsinn, tadelten ihren Sohn, aber nicht sehr, da es sich um keine weltbewegende Angelegenheit handelte, wie Vater meinte.

Der Bruder hatte Talent und lernte verschiedene Rollen, in die sich der Hampelmann verwandeln konnte. Den Drachen mit seiner klebrigen Zunge, von der (einmal berührt) keiner loskommt. Den Riesen, der sich nur wohlfühlt, wenn er Köpfe abreißt. Den Polizisten, der jeden verhaftet und zu lebenslänglich Schuhputzen verurteilt.

Er übt auf dem Weg zur Schule.

Die Schwester war sich nicht sicher – das genügte. Jene seltsame Stimme im Dunkel besaß Macht und übte diese aus. Beständig, nie zu dreist, zuerst, um verschiedene Kleinigkeiten zu bekommen, dann mehr nur zur Bestätigung.

Es gab Streit.

Er solle mit dem Quatsch endlich aufhören, sagte die Mutter. Doch er bestand darauf: Den sprechenden Hampelmann gab es, und er konnte sich bewegen.

Außerdem konnte er singen und ließ sich Lieder vorsingen. Auf Befehl.

Er verlangte kleine Geldbeträge, das Nachsprechen von Sätzen (ich bin so dumm wie Bohnenstroh, haust du mich jetzt, so werd ich froh), das Erledigen aller Hausarbeit, die bis dahin der Bruder machen mußte. Die Befehle brauchten keine Begründung, seine Schwester gehorchte. Und weinte, hatte Angst vor der handtellergroßen Figur über dem Bett.

Ein Griff nur, der Weg in die Küche, keine zwanzig Sekunden, und die Mutter steckte den Hampelmann in den Herd, wo er neben anderem aussortierten (zumeist defekten) Spielzeug verbrannte.

Als sie es ihm am Nachmittag sagte, haßte der Sohn seine Mutter, einen Augenblick lang, bis er sie fragte, ob er auf die Straße gehen dürfe, Räuber und Gendarm spielen.

Die Frage

Er hätte sie stellen können. Am besten sofort. Die Gelegenheit dazu war gegeben, warum sollte er sie nicht stellen. Nicht immer sah es so günstig aus, daß direkt dazu aufgefordert wurde.

Trotzdem, warum gerade er. Wollte man wirklich, daß Fragen gestellt wurden? Und, gesetzt den Fall ja, wollte man auch, daß einer diese Frage stellte? Sie könnte als »heikel« betrachtet werden oder, wenn nicht so krass, als eine Frage, die in der jetzigen Situation nicht unter jene fiel, die man gern beantwortet und deshalb gestellt haben wollte.

Besser er wartete ab, was andere fragten.

Andererseits lag ihm an der Antwort. Im großen und ganzen war das Problem klar. Aber gerade, weil er schon so ungefähr Bescheid wußte, kam es ihm endlich auf eine genaue Auskunft an. Doch das könnte erst recht zweideutig ankommen, könnte bösartig ausgelegt werden: das gerade, weil es so aussah, als wolle er mit dem Stellen einer Frage, die für ihn im Prinzip keine war, sich bloß vergewissern, ob denn die Antwort tatsächlich immer noch so und so laute. Er konnte sich denken, was die anderen dann dachten. Ironisch würde es wirken, als fände er die Antwort so plump und falsch, daß sie sich durch bloßes Nennen von selbst entlarve. Er ließ es am besten. Sollten sie andere stellen. Vielleicht würde sie ohnehin bald beantwortet. Irgendwann einmal. Er hatte bis jetzt gewartet und war ohne diese Auskunft ausgekommen – eine Weile würde er wohl noch warten können.

Wenn er es recht bedachte, kam ihm die ganze Angelegenheit spanisch vor. Sicherlich würde manchen sehr interessieren, wer diese Frage stellte, bei wem in dieser Hinsicht noch Unklarheiten – ja, potentielle Tendenzen eines Infragestellens von Grundpositionen vorhanden waren. Vielleicht hatte man nur aufgefordert, Fragen zu stellen, um zu sehen, wer diese stellte. Möglich war vieles. Allerdings sollte man nie zu schwarz sehen. Bei rechtem Überdenken schienen diese Befürchtungen übertrieben, reichlich übertrieben. Zog er einen Vergleich zwischen dieser und anderen offenen Fragen, schien die seine eher harmlos.

Je länger er darüber nachdachte, desto sicherer fühlte er das. Wahrscheinlich handelte es sich um eine Frage, die gestellt werden konnte, ohne den geringsten Ärger zu bekommen. Im Prinzip ging es um ein unbedeutendes Problem.

Doch vielleicht lag hier der Hund begraben – bei einer Frage, die für die meisten keine oder fast keine war, wurde erwartet, daß er durchblicke. Schließlich trug er eine gewisse Verantwortung und mußte völlig in der Materie stehen. Bei seinem Posten wirkte es naiv, so eine Frage zu stellen. Eine Blöße würde er sich geben, mangelnde Sachkenntnis eingestehen und bei einigen tauchten sicher Bedenken auf, ob er bei solchen Unklarheiten überhaupt den nötigen Einblick habe, um der ihm gestellten Verantwortung täglich im vollen Umfang gerecht zu werden.

Er konnte die Frage nicht stellen, keinesfalls konnte er das. Vorstellbar, daß manche nur darauf warteten. Wundern tat ihn in der Beziehung nichts mehr. Sollten sie warten. Die Zeit war sowieso abgelaufen. Keiner hatte eine Frage gestellt. Wie hätte es ausgesehen, wenn er der Einzige gewesen wäre. Irgendwann fand sich bestimmt eine günstigere Gelegenheit.

Zweite Rekonstruktion eines Falls

Er hatte der Schwester einen lebenden Hampelmann vorgetäuscht, er nutzte ihn zum Erhalt von Süßigkeiten und Dienstleistungen. Später hat er eine Geschichte darüber geschrieben.

Ich erschrecke, wenn ich daran denke –

lautete der erste Satz auf dem Papier; der letzte, den er aus der endgültigen Fassung des Manuskriptes strich. Er hatte zugespitzt. Übertrieben. Die Schwester ängstigte sich nicht unablässig vor dem Holzspielzeug, man konnte über seine Einfälle auch lachen. Über seine Sprüche. Laura, der Schutzmann kommt, / laß dich ja nicht sehn, / sonst wirst du eingesperrt, / Zelle Nummer zehn.

Sie weinte aus Furcht, das war richtig, aber rückblickend glaubte er, daß sie einen lebenden Hampelmann wollte. Sonst hätte ihr etwas gefehlt. Das Verlangen nach einer starken Empfindung, der man sich hingeben kann. Einer heftigen Erschütterung, gleichgültig ob Freude oder Schmerz. Oder Angst. Er sah es jetzt so.

Und warum dann kleinliches Raffen von Süßigkeiten, mieses Schachern, das mit Leidenschaft nichts zu tun hat. Vielleicht, um mehr als andere zu haben, damit die einen betteln müssen. Doch betteln stimmt nicht. Bitten.

Bitte, könntest du ... würdest du bitte ... mir zuliebe ... bitte, bitte, ich mach es auch nie wieder ...

Daraus Schlüsse ziehen. Einen Schluß finden. Erfinden fällt leichter als erinnern. Denn was hatte er seiner Schwester genau abverlangt, abgeluchst. Wie weit ging der Einfluß jenes Holzgebildes außerhalb des gemeinsamen Kinderzimmers. Die Mutter verbrannte es, später, das steht auf dem Papier. Auch, daß er sie haßte, einen Augenblick. Das Wort »Haß« bei einem sieben- oder achtjährigen Jungen. Er und sie in einer gängigen Filmszene. Sie ist aus irgendeinem Grund wütend auf ihn und sagt: Ich hasse dich. Vielleicht gibt es noch eine Ohrfeige, bevor sie sich küssen.

Genauso richtig wäre: Erst schrie er, dann wollte er die Mutter töten. Dann nahm er sich vor, nie wieder ein Wort mit ihr zu sprechen. Das sagte er ihr.

Ich auch nicht mit dir, antwortete die Mutter.

Wortlos verließ er die Küche, und erst die Mathematikstunde am kommenden Morgen erinnerte ihn an seinen Schwur. Obwohl es keinen plausiblen Anlaß gab, daß es gerade die Mathematikstunde sein mußte. Jedenfalls machte er einen Knoten ins Taschentuch, um nicht wie beim Frühstück zu vergessen, daß er kein Wort mehr mit seiner Mutter sprechen wollte. Schon wenn er in drei Stunden nach Hause kam, sollte sie es merken.

Er betrat die Wohnung sechs Stunden später, die Hose vom Zäuneüberklettern zerrissen, und verwendete viel Mühe auf eine glaubhafte Entschuldigung, die jene dreieckförmigen Schlatze zur Fußballspielbeschädigung herabzumindern suchte. Seinen Vorsatz vergaß er.

Die Mutter hörte allerdings kaum der aufgeregten Beschreibung des Spielverlaufs zu, sie beschäftigte eine rätselhafte Dienstreise ihres Mannes mehr; zumal der Name der Stadt, in die er zu fahren angab, und der Bestimmungsort der Reichsbahnkarten um hundertfünfzig Kilometer differierten. Der Sache auf den Grund gehen, dieser Satz hämmerte in ihrem Kopf.

Und sie wunderte sich nur beim Waschen über die Fähigkeit ihres Sohnes, auch robuste Kleidungsstücke binnen kurzer Zeit zur Unkenntlichkeit zu deformieren. Sie entnahm dem Hosenfragment ein verstümmeltes Taschentuch und registrierte mit Erstaunen, daß es nur verknotet war.

Er dachte am Abend nicht mehr an das Vergehen der Mutter. In meinem Bauch ist ein Mann versteckt, sagt er zu seiner Schwester.

Und was macht er da?

Er gähnt, er brummt, er ißt. Wenn er schimpft, rumort es.

Und warum ist er dort?

Weil er nicht auf Arbeit will.

In meinem Bauch ist eine Frau mit grünen Augen. Und lila Haar, sprach die Schwester.

Grüne Augen, lila Haar?

Damit sie keiner verwechselt.

Hm, stellt er fest, meiner organisiert öfters Kuchen und Schlagsahne. Außerdem achtet er darauf, daß ich nicht krank werde.

Die Schwester lacht: Meine Frau paßt auf, daß dein Mann wirklich nicht zur Arbeit geht. Denn da sind viele laute Maschinen und man kann sich nicht richtig unterhalten.

Stimmt, bestätigt der Bruder, doch am Wochenende geht er manchmal. Sogar mit deiner Frau.

Aber nur manchmal. Und nur, wenn sie wollen.

Heiligabend

Der Hahn funktioniert. Er dreht ihn auf und hält die Hand unter das fließende Wasser. Nur die Dichtungsscheibe mußte ausgewechselt werden. Er dreht ihn zu, legt den Schraubenzieher auf den Küchentisch.

Im Wohnzimmer stört ihn jetzt, daß er keine neue Spitze für seinen Weihnachtsbaum bekommen hat. Die alte steckt schräg auf dem obersten Ast, als falle sie jeden Augenblick. Er geht in das nächste Zimmer, stellt den Fernsehapparat leise und blickt auf den Bildschirm. Junge Männer, nebeneinander stehend, reihenweise hintereinander geordnet nach Größe. Sie öffnen und schließen den Mund.

Er drückt den Knopf für das zweite Programm, ein Wakkelkontakt, den er schon lange beheben lassen wollte. Beim vierten Versuch endlich das Bild: Vier Herren an Streichinstrumenten – ernste Musik also, die er jetzt nicht hören möchte. Er schaltet den Apparat aus, geht zurück in den anderen Raum und schließt hinter sich zu. Zweimal wird der Schlüssel herumgedreht, die Wohnung ist dann nicht mehr so groß. Zwei Zimmer plus Küche und Bad sind viel, zuviel seit seine Frau starb vor zwei Jahren. Diese Leere in den Räumen. Sonst begibt er sich abends in die Kneipe zwei Straßen weiter, die jeden Tag von sechszehn bis dreiundzwanzig Uhr geöffnet aber an Feiertagen geschlossen ist.

Der Teller mit dem Kartoffelsalat steht noch auf dem Tisch. Er setzt sich. Der Salat von der Nachbarin, die morgen zum Mittag auch zwei Klöße bringen wird. Über das Wetter unterhalten sie sich dann, den dieses Jahr wieder ausbleibenden Schnee.

Sie erzählt vom Winter in ihrem Geburtsort, wo Schnee schon im Oktober fällt, erzählt, bis ihr Mann ruft, ob der Braten schon gut sei oder noch eine Weile kochen solle.

Er nimmt die Gabel, schüttelt den Kopf, legt die Gabel zurück auf den zur Hälfte gefüllten Teller. Musik würde er gern hören, sie dürfte weder heiter noch traurig sein. Er schiebt den Teller weg, zieht die Schale mit den Nüssen heran. Paranüsse ißt er am liebsten, Haselnüsse weniger, aber Haselnüsse lassen sich leichter knacken.

Er öffnet einige Hasel- und Paranüsse und bringt den mit Schalen gefüllten Aschenbecher in die Küche. Eine kleine Schüssel mit Kartoffelsalat steht noch im Kühlschrank, die Nachbarin versorgt ihn reichlich. Sein Sohn wird ihn essen, am darauffolgenden Tag: Gegen Nachmittag, wenn er da ist für zwei, drei Stunden. Er wird den Salat loben und bei der Gelegenheit ein in Weihnachtspapier eingewickeltes Paket übergeben. Rasierzeug, die Geschenkpackung für vierzehnachtzig. Dazu einen Kalender, »Bilder aus der Tierwelt« oder »Die Berge rufen«. Er schenkt seinem Sohn einen Bildband, den vierten oder fünften, dieses Mal über Australien. Daß er sich sehr darüber freue, wird er sagen. Daß das doch nicht nötig gewesen wäre. Nach dem Essen beginnt er zu erzählen, von sich und seinem Auto, den Sorgen mit den Ersatzteilen und wie problematisch es sei, einen preisgünstigen Urlaubsplatz in Rumänien zu bekommen. Die Frau sitzt daneben und nickt. Ab und zu ergänzt sie einen Satz durch einen Nebensatz und schaut noch häufiger zur Uhr als er.

Als er den Kühlschrank schließt, fällt ihm ein, daß er die Gardinen nicht zugezogen hat. Er geht zurück, gelber Stoff kommt über weißen, so kann keiner von der Straße ins Zimmer sehen. Einen Moment bereut er, daß der Weihnachtsbaum elektrisch beleuchtet ist, keine Kerzen, deren Schein er als Kind stundenlang betrachtete.

Er steckt eine Walnußhälfte in den Mund und ordnet die übrigen auf der Tischdecke nach Größe.

Unschlüssig steht er auf, faltet in der Küche den Lappen im Ausguß zusammen, läßt Wasser in einen Topf laufen, den er auf den Gasherd stellt; greift zur Streichholzschachtel. Eine Tasse Kaffee, überlegt er, dreht das Gas an und will die Schachtel öffnen. Er zögert, legt die Hölzer auf das Regal zurück, schließt die Tür, rückt einen Stuhl vom Küchentisch an den Herd. Er setzt sich und wartet.

Gegen Mittag

»Entweder das Vieh oder ich«, schrie seine Frau und hielt das Messer still, mit dem sie eben noch Kartoffeln geschält hatte, »die schleppt uns noch sonstwas ins Haus!«

»Aber den Krug hat sie bestimmt nicht zerschlagen. Schulzes können gar nicht beweisen...« Er hörte auf zu sprechen, da er merkte wie nutzlos die Worte waren.

Sie nahm eine neue Kartoffel aus dem Eimer und drückte das Messer gegen die Schale.

Fragend sah er seine Frau an, ihr Blick blieb auf der Kartoffel, die (hellgelb nun) in den zweiten Eimer fiel. Er seufzte, schloß die Küchentür hinter sich und stand vor dem Korridorspiegel.

Warum war sie auch wiedergekommen. Zweimal schon hatte er sie ausgesetzt, drei Straßen weiter zuerst, dann zwei Kilometer entfernt, neben einem Kindergarten. Im Spiegel wirkte sein Gesicht schlaff, müder als er sich eigentlich fühlte.

Er ging zehn Schritte weiter, im Windfang hinter der Haustür wartete sie auf ihr Futter, das sie seit zwei Monaten von den Kindern – manchmal auch von ihm – bekam. Claudia, die Ältere, bereitete aus Lappen so etwas wie ein Lager. Dort lag das Tier auch jetzt, obwohl die Mutter alle Lappen entfernt hatte.

Die Katze schnurrte, als er sie auf den Arm nahm und aus der Haustür trat.

Der Nachbar grüßte, schimpfte auf die Zeitungsfrau, die samstags nie vor Mittag kam. Weil sie vorn bei Krügers erst in die Wohnung ging und mindestens zwei Stunden tratschte. Heute würde er der Sache nachgehen, die Post sei schon benachrichtigt.

Der Mann nickte, während der Nachbar sprach. Die Katze begann, mit den Hemdknöpfen zu spielen; es kitzelte auf der Haut.

Dann ging er an der Garage vorbei, auf den Hof zu, und überlegte, wieso seine Frau Katzen so haßte. Allergie, behauptete sie, auf dem Rücken entstehe eine Gänsehaut, und die Berührung mit Katzenfell erzeuge die Vorstellung angebrannter Milch im Mund. Und angebrannte Milch führe zu Brechreiz. Ein Kater sollte im Kinderwagen seiner Frau gefunden worden sein, zwei oder drei Monate nach ihrer Geburt. Die Angaben der Schwiegereltern über den genauen Zeitpunkt schwankten.

Als er das Tier vor dem Sandkasten absetzte, erinnerte ihn der Anblick der Holzbretter an seine Absicht, diese noch vor dem Winter zu streichen. Sein nächster Gedanke galt Sylvia, hoffentlich kam sie jetzt nicht auf den Hof. Ihre Schwester war glücklicherweise zur Kur, seit drei Tagen, wegen der Lungenentzündung vom Frühjahr. Warum die Katze auch immer wieder kam, bei anderen Tieren genügten zwei Tritte oder ein Stein. Im Höchstfall eine Holzlatte zum Vertreiben, und das Problem wäre gelöst.

Die Katze beschäftigte sich mit einem Federball, der noch vom letzten Spiel der beiden Mädchen herumlag. Selten räumten die Schwestern ihre Sachen weg, die Mutter störte das wenig. In dieser Beziehung zeigte seine Frau Großzügigkeit, anders als er, der öfter Anfälle von Aufräumwut bekam, und dann versuchte, im Haus eine Ordnung herzustellen,die an Pedanterie grenzte.

»Wie weit bist du denn?« Die Stimme seiner Frau klang beiläufig. »Denk dran, daß bald Mittag ist!«

Der Federball rutschte hin und her, wurde gestoßen, von den Pfoten angehoben und wieder fallen gelassen. Sie langweilt sich ohne Claudia, dachte der Mann.

Vor acht Wochen fand seine Tochter das Tier auf dem Spielplatz und versteckte es eine Woche im Garten. Da war es schon anhänglich, die Geschwister kümmerten sich gemeinsam um Schlafplatz und Futter. Die Mutter schrie hysterisch, als sie es entdeckte: Im Kinderzimmer auf Sylvias Schoß, die einen Stapel Bücher neben sich auf dem Boden ausgebreitet hatte und der Katze die Bilder zeigte. Man wolle sie bewußt schikanieren, meinte seine Frau, als er darum bat, daß die Kinder ihre »Muschi« behalten dürfen. Schon in der Schule habe man ihr kleine Katzen in den Ranzen gesteckt, unter die Schulbank gelegt, jetzt traktiere ihr Mann sie damit.

Fünf Schritte und er stand an der Wassertonne. Diese war noch zu drei Vierteln gefüllt und mußte bald abgelassen werden. Mit dem ersten Nachtfrost konnte man demnächst rechnen, da würde das Faß bersten.

Die Katze ließ den Ball los und kroch zwischen seine Beine.

»Wenn die Kinder für ein Tier Verantwortung übernehmen, ist das erzieherisch günstig«, so hatte er mit seiner Frau gesprochen, lange diskutiert. Die Katze durfte schließlich im Garten bleiben, später sogar im Windfang, nachdem der erste Versuch, sie auszusetzen, scheiterte. Er mußte seiner Frau garantieren, daß dies kein Dauerzustand sei, er dafür sorgen würde, sie in absehbarer Zeit aus dem Haus zu schaffen.

Kinderlachen. Sylvia hüpfte mit ihrer Freundin über den Hof.

Der Mann hob zwei herumliegende Bretter auf und lehnte sie an die Schuppenwand. Die Freundin streichelte »Muschi« und fragte, ob diese kitzlig wäre. Sylvia fragte auch etwas, aber er konzentrierte sich nicht und gab eine ausweichende Antwort.

Einmal war die Katze im Wohnzimmer aufgetaucht, kurz vor dem Abendbrot, mitten in einem Fernsehfilm über

Eheprobleme emanzipierter Frauen in leitenden Positionen. Er erinnerte sich an das Gekreische seiner Frau, die aus dem Sessel sprang und eine Vase nach dem Tier warf.

Der Mann rückte die Bretter enger nebeneinander und merkte jetzt erst, daß Sylvia wissen wollte, wie er die neuen Fähnchen auf der Sandburg fände.

»Ja, sehr schön.« Er zog die Stiefel neben dem Schuppen an.

»Sylvia, komm bitte rein, ich brauche dich!« Der Kopf der Mutter zwischen den Fensterrahmen.

Seine Tochter bewegte die Hände eifriger im Sand und sagte: »Gleich, es muß nur noch ein Graben um die Burg.«

»Sylvia, ein Brief von Claudia ist gekommen!«

»Ja, Mammi, gleich.«

Die Katze kam wieder zwischen seine Beine, und ihm fiel das weiße Pulver aus der Apotheke ein, das seine Frau auf den Teller mit der Milch geschüttet hatte. Claudia sah es von der Treppe, rannte in die Küche, hielt in der Hand plötzlich das Obstmesser, was nur von den Eltern benutzt werden durfte, weil es so scharf war. »Wenn der Muschi was passiert, bring ich mich um!« Sie weinte, während sie diesen Satz sprach. Die Mutter sagte nichts, sah nur die Tochter an und kippte die Milch in den Ausguß, den sie dann gründlich schrubbte.

Seine Frau stand vor dem Sandkasten, ohne daß er ihr Kommen bemerkt hätte. »Ich habe noch den Schokoladenpuddingtopf zum Auslecken, das reicht für euch beide!«

Die Freundin zeigte sofort Interesse, Sylvia erhob sich nur murrend; die Mutter griff nach ihrer Hand. »Wir wollen Vater nicht stören«, hörte er noch, ehe die drei hinter der Garage verschwanden.

Die Katze lag im Gras und bewegte sich kaum. Ob sie wirklich den mit Milch gefüllten Tonkrug umgeworfen hatte, was Schulzes gesehen haben wollten? Schulzes sahen allerdings viel – es verging kein Sommer, in dem sie nicht verkündeten, ihnen sei wieder Obst gestohlen worden, man könne sich denken, wer da in Frage kam. Einige wären eben nicht in der Lage, ihre Kinder richtig zu erziehen.

Als er die Katze auf den Arm nahm, sträubte sie sich nicht. Sie würde wiederkommen, egal, wo er sie aussetzte, der Ort war zu klein.

Noch einmal der Weg zum Wasserbehälter. Ein paar Gärten weiter schaltete einer das Transistorradio ein. Der Mann wollte das Tier streicheln, doch seine Hand auf dem Fell bewegte sich nicht.

Gut, daß sie jung war, sonst würde es schwierig sein. Er kannte Katzen im Todeskampf. Nach dem Krieg lebte einer im Ort von ihren Fellen. Später, zu Beginn der fünfziger Jahre, rentierte sich das nicht mehr, und er übernahm die Gemüsehandlung.

Einen Moment stand der Mann still, tat gar nichts, bevor seine rechte Hand das Tier im Genick packte, so daß es sich weder drehen noch kratzen konnte. Den richtigen Griff zeigte der Katzenfänger, nach einer Wette im Kulturhaus. Jemand hatte behauptet, es wäre unmöglich, eine Katze zu ersäufen, ohne von ihr verletzt zu werden. Das kostete ihn dann zwei Kästen Pilsner.

Der Mann beugte sich über die Tonne.

Schon vor der Berührung des Fells mit dem Wasser sträubte sich die Katze, versuchte freizukommen, und er widerstand der Versuchung, seine Finger einfach zu öffnen.

Mehrere Minuten hielt er die Hand still und achtete darauf, daß sie tief genug im Wasser war.

Anschließend rieb er die klammen Finger an einem Taschentuch ab, massierte sie mit der anderen Hand.

Der Spaten stand vor dem Geräteschuppen, noch vom Umgraben, neben der Kompostgrube befand sich die günstigste Stelle. Er blickte sich um, in den umliegenden Gärten war keiner zu sehen.

Nach dem ersten Spatenstich spürte er Lust, alles stehen

und liegen zu lassen, der Frau das Gerät in die Hand zu drücken, vielleicht mit den Worten: »Deinen Blödsinn bring allein zu Ende!«

Der Mann arbeitete schneller.

Das Ausheben des Loches ging zügig, der Boden war weich. Einmal nur rammte er einen größeren Stein. »In fünf Minuten das Essen!« die Stimme der Frau schien nicht mehr fordernd, eben heiter, sie ahnte den Sinn seiner Tätigkeit. »Bist du fertig?«

Er antwortete nicht, stieß den Spaten kräftiger in die Erde und bedauerte einen Moment, daß diese ihm so wenig Widerstand entgegensetzte.

Wenn Claudia zurückkam, würden hier Grasspitzen zu sehen sein, die Samentüte lag im Schuppen. Er setzte den Spaten ab, warf Erde auf das nasse Fell – und trat diese fest, nachdem das Loch verschwunden war. Nächste Woche mußte er zwei Beete umgraben und die Hecke verschneiden. Daran dachte der Mann, als er zum Schuppen zurückging.

Ohne den Spaten vorher zu säubern, stellte er ihn an die Holzwand. Die Stiefel daneben.

Auf dem Rückweg spürte der Mann, daß er Hunger hatte. Er tauschte die Schuhe mit den Hausschuhen, ging in die Küche und drehte den Wasserhahn auf. Die Hände schrubbte er mit der Bürste, der festen, die auch für Möhren genommen wurde.

Er hörte seine Frau im Zimmer: »Weiß nicht, was du hast. Die Familie ist gekommen, zu der sie gehört. Vater hat es gerade gesagt. Sie mußten gleich weiter. Solltest froh sein, ist für alle das Beste.«

Der Mann stellte das Wasser ab, trocknete die Hände am Handtuch und trat aus dem nach Letscho und Gulasch riechenden Raum. »Wenn du nicht aufhörst zu bocken, hau ich dir eins auf den Mund!« Das Glas in der Zimmertür klirrte, wie immer, wenn jemand laut sprach.

Er blieb stehen, hörte aber nur, wie Suppe auf einen Teller gegeben wurde.

»Stell dir vor, deine Tochter will nicht essen!« Seine Frau sah ihn auffordernd an.

Er ging zu seinem Stuhl, der Eintopf dampfte noch ein wenig. Er saß Sylvia gegenüber und suchte ihren Blick.

Das Kind sprang auf, rannte aus dem Zimmer, die Treppe hoch.

»Müssen wir uns das bieten lassen. Da rackert man sich Tag für Tag ab!«

Bestimmt läuft sie jetzt hinter Sylvia her, überlegte der Mann.

Seine Frau saß da, sah auf den Tisch und bewegte sich nicht. Die rechte Hand lag neben ihrem Teller und hielt den Löffel.

Das letzte Zimmer

Nein, spricht sie, als er ihr zuredet, das Haus zu verlassen – und wenn es morgen abgerissen wird.

Nein, sagt sie, als er fortfährt, die Zimmer auszuräumen – auch wenn du den Baugrund für eine Wochenenddatsche brauchst.

Nein, sagt sie, als zwei Möbelwagen vorfahren, vier Männer Schränke und Betten die Treppen herunter bugsieren – selbst wenn du drei Neubauwohnungen hättest.

Mein Zimmer ist noch mein Zimmer, ruft sie, als Sohn, Tochter, Schwiegertochter mit Fäusten gegen die verschlossene Tür klopfen.

Ich geh in kein Altersheim, ruft sie, als ihr Sohn tags darauf über Lautsprecher bekannt gibt, der Abriß beginne in zwei Stunden.

Ha, ha, macht sie, als der hydraulische Wagenheber eine halbe Stunde vergeblich versucht, das Haus zu bewegen.

Mich kriegt ihr nicht, ruft sie, als die Seile befestigt sind, der Bagger zum ersten Mal zieht, zwei Wände Risse bekommen.

Mich nicht – als der Bagger das Treppenhaus und eine halbe Außenwand zum Einsturz bringt.

Ich habe zwei Kriege überlebt, schreit sie, als der erste Schutt weggeräumt wird, Sohn, Tochter, Schwiegertochter abwechselnd mit ihr reden wollen.

Macht, was ihr wollt, brüllt sie, als zwei von der Sozialfürsorge unter dem Fenster stehen, um sich zu überzeugen, was an dem Gerücht dran sei, daß hier eine ältere Frau gefangengehalten werde.

Ihr Idioten, flüstert sie, als ein Feuerwehrauto vorfährt, schließt den Laden vorm Fenster, das Fenster, rückt an der Wand das Bild ihres Mannes gerade, ehe sie den Schreibtisch öffnet und das Album mit den alten Fotos hervorzieht.

Unten wird die Leiter ausgefahren.

Sie schiebt Bücher, die aus dem umgestürzten Regal gefallen sind, zur Seite, schenkt sich Tee nach, reißt aus ihrem Vorrat die nächste Tüte Zwieback an und beginnt im Album zu blättern.

Ohne Kommentar

Einen Moment dachte ich, es wäre Prof. Mitzenleim.

Ich sah weg, da ich annahm, dort vorn im Abteil sitzt Prof. Dr. Mitzenleim.

Ich wollte nicht hinsehen, weil ich ihn hätte erkennen müssen und schaute aus dem Fenster. Vier Zugabteile weiter mußte er sitzen.

Ich beobachtete konzentriert die Baumgruppen des Mischwaldes.

Ich wollte ihn nicht grüßen und sah nicht hin.

Der Erziehungswissenschaftler Prof. Dr. Mitzenleim, der regelmäßig Publikationen veröffentlicht, in denen Lenin dreimal so oft wie Marx, Marx zweimal so oft wie Engels und er selbst anderthalb mal soviel wie Walter Ulbricht zitiert wird.

Es war peinlich, nicht hinauszusehen, nur weil ich nicht grüßen wollte. Um nicht ständig aus dem Fenster zu blicken, öffnete ich die Zeitung in meinen Händen und täuschte lesen vor.

Prof. Dr. Mitzenleim, der freundlich ist zu den Studenten,
energisch (aber verständnisvoll),
unnachgiebig (aber tolerant),
der interessiert ist an allen offenen Fragen, die uns helfen, vorwärts zu kommen.

Ich wollte nicht grüßen und hob den Kopf nicht an.

Mitzenleim, der immer methodisch klug vorgeht.
Didaktisch aufbaut.
Vorausbedenkt.
Dialektisch geschult ist.
Der sagt, daß der Erzieher stets Vorbild zu sein hat,
sagt, daß die Auseinandersetzung mit der bürgerlichen Ideologie keine Verschnaufpause kennen darf und bei der Zahnpasta anfängt,
daß die Kinderkrippe einen unverzichtbaren Bestandteil des sozialistischen Bildungssystems darstellt,
daß die Potenzen des Unterrichtsstoffes für die politisch-weltanschauliche Arbeit stärker genutzt werden könnten,
Theorie und Praxis sowjetischer Bildungspolitik als Vorbild und Maßstab unserer Bildungspolitik dienen sollten,
die Fundamente sozialistischer Persönlichkeitsentwicklung in der Schule gelegt und zementiert werden müssen,
daß in den fünfziger Jahren erfolgreich der Tendenz einer Intellektualisierung des Unterrichtes entgegengewirkt wurde.
Der sagt, daß Lehrer Repräsentanten des Staates sind und im Dienste der herrschenden Klasse stehen,
es dem Individualismus das Wasser abzugraben gilt,
wir uns hinter dem bisher Erreichten nicht zu verstecken brauchen,
daß es noch viel zu sagen gäbe, aber die Zeit leider wieder nicht reicht.

Ich wußte nicht, wohin ich sehen sollte und dachte an schwammige Greise in mittleren Jahren.

Als ich dann hinsah (bereit, den Kopf ruckartig wegzudrehen) war es gar nicht Prof. Dr. Mitzenleim, sondern ein ähnlich aussehender Herr. Das Gesicht ähnelte, die Statur, der Anzug. Ich schämte mich, nicht hingesehen zu haben.

Es gab keinen Grund dafür. Ich hätte nicht zu grüßen brauchen.

Ich bin nicht verpflichtet, ihn grüßen zu müssen. Mir fiel ein, daß mir gleich aufgefallen war, daß das Abzeichen am Revers gefehlt hatte.

Ich blickte zum Fenster und dachte an verschwommene Gesichter schwammiger Greise in mittleren Jahren.

Dachte an Prof. Dr. Mitzenleim, dessen Vorlesungen pünktlich begannen und deren Zeit voll ausgenutzt wurde.

Ein Erziehungswissenschaftler, der weiß, daß die Prinzipien pädagogischer Führungsprozesse allgemein gültige, wesentliche Grundsätze sind, die bei der Führung pädagogischer Prozesse beachtet und angewendet werden müssen.

Der weiß, daß Pestalozzi zwar Grenzen in seiner Bildungskonzeption hat, aber einen unverzichtbaren Bestandteil unseres Erbes darstellt.

Weiß, daß Bildungseffekte in der Regel in kürzeren Zeiträumen zu erzielen sind als Erziehungseffekte.

Weiß, daß das imperialistische Bildungswesen als integrierter Bestandteil des Überbaus der imperialistischen Gesellschaft zur Regulierung und Manipulierung imperialistischer Verhältnisse dient.

Daß Schwierigkeiten bei der Befähigung des Gruppenrates zu eigenständiger Leitungstätigkeit in der ersten und zweiten Klasse noch vielerorts auftreten.

Weiß, welche didaktische Sachverhalte durch welche didaktischen Funktionen erfaßt werden können.

Daß die kommunistische Erziehung höhere Anforderungen an alle Erzieher als die sozialistische Erziehung stellen wird.

Daß eine straffe pädagogische Führung die wichtigste Grundlage von Selbständigkeit und schöpferischer Arbeit der Schüler ist.

Daß Elternhaus und Schule unbedingt synchron laufen sollten.

Die Verbindung zur Praxis nie abreißen darf.

Die Klassiker auch die Klassiker der Pädagogik sind.

Mit der Einstimmung auf den späteren Armeedienst nie früh genug begonnen werden kann.

Daß die Kinder bei uns in guten Händen sind.

Ich betrachtete den Mann vier Abteile weiter und verstand nicht, wie ich ihn für Prof. Dr. Mitzenleim halten konnte. Ich überlegte, ob ich das Abzeichen wirklich nicht gesehen hatte oder das Nichtsehen mir nur nachträglich einbildete und blickte wieder auf die Zeitung.

Mitzenleim, den die Studenten manchmal Mitzenpaul nennen.

Den ich nicht grüßen wollte.

Der mich zweimal wegen Schwatzen in der Vorlesung ermahnte.

Der mir ein Buch über antiautoritäre Erziehung mit dem Hinweis verweigerte, ich sollte doch besser seine kritische Rezension zu diesem Buch lesen, die er mir gern leihen würde.

Den ich auch nicht grüßen möchte, wenn er mich wegen eifrigem Nicken in der Vorlesung gelobt hätte.

Der in einem Vorbereitungslager für Ferienhelfer abends von Zelt zu Zelt schlich und von der notwendigen Einhaltung der Nachtruhe im Interesse eines maximalen Erfolges des Vorbereitungslehrganges sprach.

Wegen dem ich einmal ein Schaufenster zu betrachten begann, als er sich in Grußweite näherte.

Prof. Dr. Dr. h. c. Mitzenleim.

Und ich ärgerte mich, vorher nicht hingesehen zu haben.

Ich wurde wütend, weil ich weggesehen hatte.

Und ich ging hin und erschlug Prof. Dr. Dr. h. c. päd. Mitzenleim lustlos. Er fragte: Haben sie Befehl Weisung

Parteiauftrag. Ich nickte und er nickte und ich würgte stach erschoß ihn. Und ich ging auf meinen Platz zurück, bestellte einen Kaffee, zog die Notbremse, verhaftete den Zug. Stellte einen nach dem anderen an die Wand, erschoß jeden einzeln, irgendwann mich.

Dabei achtete ich vor allem auf einen bequemen Anschlag. Es dürfen keine Spannungen in der Brust- bzw. Rückenmuskulatur auftreten. Die Füße sollten schulterbreit auseinandergestellt sein. Erfahrungen zeigen, daß der günstigste Winkel des linken Fußes bei achtzig bis neunzig Grad zur Schußrichtung liegt. Der rechte Fuß wird außerdem eine halbe Fußlänge zurückgesetzt. Das entspricht einem Winkel von zehn bis zwanzig Grad zur Schußrichtung. Schulter- und Fersenlinie bilden annähernd eine Ebene. Der Kopf steht frontal zur Scheibe und wird weder nach vorn noch nach hinten geneigt. Man erhält so einen bequemen Anschlag, der einem erlaubt, ohne Anspannung längere Zeit ruhig stehend zu schießen.

Dann hob ich den Blick von der Zeitung und zerknüllte sie ohne Wut.

Sie steht am Fenster und spricht

Ich erinnere mich noch an jenen Tag, als beinahe der Rotweinfleck auf meinen Rock gekommen wäre. Ich hätte ihn ausziehen müssen. Wie es sonst meinem Mann erklären. An einem gewöhnlichen Wochentag, ohne Anlaß. Außerdem fährt man mit dem Zug immerhin eine Stunde und ist Blicken und Deutungen verschiedenster Art ausgesetzt. Einen Rock hätte ich bei einer Bekannten gekriegt. Und der wäre Pierre gewiß nicht aufgefallen. Neue Kleidungsstücke oder Frisuren sieht er nicht. Bei der eigenen Frau, möchte ich vorsichtshalber ergänzen. Der Rock war also das Übel nicht, sondern die Zeit; der Zug fuhr sechzehn Uhr sechsundzwanzig, und wir waren spät dran. Der nächste Zug hätte Pierre stutzig gemacht, nach achtzehn Uhr kam ich nie grundlos nach Hause. Kein Zettel lag da. Helene würde ich nicht als Ausrede gebrauchen können, die Freundin rief er zuerst an, und sie war nicht eingeweiht. Es mag komisch wirken, aber die Regelmäßigkeit des gemeinsamen Abendessens hat sich gehalten über die Jahre; das Essen bekam sogar einen besonderen Stellenwert inmitten sich lockernder oder gänzlich verflogener Gewohnheiten. Es mag pathetisch klingen, aber es erwies sich als die dauerhafteste Bindung unserer Ehe mit fast kultischen Zügen. Den Montag ausgeklammert, da haben wir meist eine Sitzung, einer wenigstens. Doch an einem anderen Tage mußte ich zurück sein, meinetwegen neu eingekleidet, aber zu Hause – schon um das Essen vorzubereiten. Fairerweise will ich erwähnen, daß Pierre dabei hilft, nicht nur beim Teekochen, was er excellent kann. Vor allem schneidet er die Wurst, das Brot,

Gemüse. Er hantiert gern mit dem Messer, meinte er einmal, am liebsten zerhäcksele er Petersilie und Schnittlauch, das wäre pure Entspannung, Ausgleichssport, übertroffen nur noch vom Klopfen der Koteletts. Auch so eine Beschäftigung, auf der er von Zeit zu Zeit bestand. Später, nach dem Abendbrot, würde wiederum meine Abwesenheit nicht auffallen, seine mir allerdings auch nicht, denn er ist dann in seinem Arbeitszimmer beschäftigt. Fernsehen kommt bei uns so gut wie nie in Frage, für diese Blödeleien sind wir beide nicht zu haben. Allerdings gibt es eine Gelegenheit, bei der Pierre meine Abwesenheit registrieren würde: das Ausschalten des Lichts. Mein Bett ist näher am Lichtschalter, so knipse ich es aus. Also doch noch eine Gewohnheit außer dem Abendbrot, aber eine, über die wir nie Worte verlieren. Es hat sich so ergeben. Pierre ist für die Fenster zuständig, der Griff geht mitunter schwer auf. Ich glaube, das hat er einmal gesagt; aber vielleicht verwechsle ich das jetzt mit einer Episode aus einem Buch. Komisch, ich kann mich nicht erinnern, wann ich das Schlafzimmerfenster zum letzten Mal geöffnet hätte. Wer sich den ganzen Tag in geschlossenen Räumen aufhält, möchte wenigstens bei offenem Fenster schlafen.

Jedenfalls kam der Rotwein nicht auf den Rock: Manfred griff geistesgegenwärtig nach der Flasche, bevor sie umgefallen war. Ich bin ihm sehr dankbar, daß er dieses Mißgeschick verhinderte. Der dabei entstandene Fleck auf dem Teppich brachte uns zum Lachen. Ich erreichte also den Zug, das heißt, ich hätte ihn so bequem erreicht, daß wir plötzlich noch über eine dreiviertel Stunde Zeit verfügten. Noch einmal zusammen schlafen kam nicht in Frage, mehr als zweimal war ohnehin nicht drin. Manfred wollte für den Abend fit bleiben, er würde sein Kind von der geschiedenen Frau holen, zum Kinobesuch, einmal alle vierzehn Tage. Wir beschlossen, in dem neu eingerichteten Espresso am Bahnhof einen Kaffee zu trinken. Mit dem Auto dauerte es zehn Minuten, allein fünf davon beanspruchte der Weg vom Parkplatz bis zum Cafe. Das Gefühl nach dem Eintreten kann ich nicht beschreiben, vielleicht ist Gefühl auch nicht das richtige Wort, denn dafür blieb eigentlich keine Zeit. Manfred redete noch, er sah wohl einen freien Tisch, als ich meinen Mann schon anlächelte. Man soll von sich nicht eingenommen sein, obwohl ein bestimmtes Maß an Selbstbewußtsein in meinem Beruf unerläßlich ist, doch wenn ich das Vorhandensein e i n e r Eigenschaft an mir schätze, ist dies die Fähigkeit, selbst in brenzligen Situationen das nötige Maß an Gleichgültigkeit zu bewahren. Diese Gelassenheit möchte ich mir nicht nehmen lassen, es ist wichtig, sie nicht nur vorzutäuschen, sondern sie sich wirklich innerlich anzueignen, wenn sie ihren Zweck erfüllen soll: Ich kann hysterische Frauen nicht ausstehen, widerlich, genau wie jene, die lüstern ihre Depressionen genießen. Ich bin jedenfalls fähig, mich mit einer Situation abzufinden, ohne erst lange zu grübeln, sie einfach als gegeben hinzunehmen.

Ich stellte meinem Mann Manfred vor. Pierre nickte und sagte: »Das ist Christine.« Er wies auf die Person neben ihm, dann zeigte er auf mich: »Und das ist Katja, meine Frau.« Wir wurden gebeten, Platz zu nehmen und nahmen Platz. Das Gespräch verlief unergiebig, besonders die rotblonde Christine wirkte verklemmt. Sie verfügte zwar über eine sehr ansehnliche Oberweite, aber in ihrem Kopf schien sich dies nicht vorteilhaft niederzuschlagen. Die Männer kamen schließlich in einen Disput mit dem Kellner über die ungesetzliche Anweisung der Espressoleitung, Kaffee nur in Kännchen zu verkaufen. Die Unentschiedenheit über die Frage, ob das Beschwerdebuch zu verlangen sei oder der Geschäftsleiter, führte letztlich dazu, daß sie gar nichts unternahmen. Zumal der Zug bald fuhr und wir zahlten, die Männer jeweils für zwei Personen. Ich kann nicht sagen, daß ich besonders eifersüchtig auf die Frau gewesen wäre, die man mir als »Christine« vorgestellt hatte. Ich sah auch keinen Grund, häßlich bin ich nicht. Wäre sie mir bei anderer Gelegenheit begegnet, etwa zufällig bei der Arbeit, hätte ich sie sicher nicht unsympathisch gefunden. Ich bin nicht in der Lage, Personen zu beschreiben, dies bescheinigte mir schon der Deutschlehrer. Jedenfalls gaben wir uns beim Abschied die Hand, und Manfred sagte, daß er bald wieder anrufen würde. Pierre nickte seiner Bekannten nur zu, eine Geste mit solcher Vertrautheit, daß ich einen Moment doch verblüfft war. Als mein Mann und ich durch die Halle zum Zug gingen, sagte er: »Ich habe sie heute zufällig getroffen, eine alte Bekannte.« »Ja«, antwortete ich beiläufig, »bei mir genauso – ein alter Schulfreund.« Dann schwiegen wir. Pierre nahm im Zug ein Buch zur Hand, er blätterte Minuten lang die Seite nicht um. Ich beobachtete es. Das Schweigen während der Zugfahrt unterbrachen wir nur kurz mit einem Gespräch über Bretter für das schon lang geplante Regal. Preßpappe wollte er nicht nehmen, wegen der mangelnden Haltbarkeit. Wir verglichen unsere Beziehungen zu dieser Branche, und plötzlich sagte er: »Ich werde Christine deswegen ansprechen.« Und ich erwähnte, daß uns Manfred vielleicht auch helfen könne. Von da ab, auch während des Abendbrotes, wechselten wir belanglose Bemerkungen über das Wetter, die Schwierigkeit, meinen Schirm zu öffnen, den notwendigen Außenanstrich der Fenster. Höchstens den Meinungsaustausch zum neuen Winterfahrplan könnte man mit dem Nachmittag in Zusammenhang bringen. Ansonsten verlief der Abend in üblicher Weise. Ich kann nicht sagen, daß sich in unserer Beziehung etwas veränderte. Nur einmal äußerte Pierre: »Erzählte ich dir übrigens, daß ich in H. gelegentlich vom Verlag aus zu tun habe?« Ich log genauso selbstverständlich, daß ich wegen der Zeitschrift auch alle vierzehn Tage in jenen Ort müßte. Wie schon gesagt, alles bleib beim Alten, das Abendbrot weiter unsere einzige Kommunikationsgelegenheit. Mein Mann erzählte von seiner Arbeit an zwei neuen wissenschaftlichen Sachbüchern. Auch von neuen Erkenntnissen, die ich jedoch am Tag darauf vergessen hatte. Zum Beispiel etwas mit einem Urknall, durch den die Galaxis entstanden sein soll. Und Wissenschaftler können praktisch in die Vergangenheit sehen, weil sie Methoden finden, Licht in immer größeren Entfernungen von der Erde zu registrieren. Es geht um Strahlen, die ja quasi aus der Vergangenheit stammen. Manche halten es für möglich, eines Tages bis eine Stunde nach dem Urknall in den Raum zu blicken. »Blikken« ist sicher nicht das richtige Wort. Beeindruckt hat mich auch die Theorie über die ständige Ausdehnung des Alls. Oder die schwarzen Löcher, die alle Materie ringsum anziehen, aufsaugen, einschließlich des Lichts. Pierre sagte, es könnte sein, daß die Erde auf so einen Fleck zurase. Mir wurde richtiggehend schwindlig, als er davon erzählte. Und das, obwohl mein Kreislauf in Ordnung ist, Blutdruck hundertdreißig zu neunzig, ich habe lange Tischtennis gespielt. Jedenfalls bin ich froh, mit beiden Beinen auf der Erde zu stehen, auch wenn das sehr relativ sein mag. Dieses Gefühl möchte ich nicht missen. Andererseits ist mir Pierre näher als sonst, wenn er von seinem Beruf erzählt. Es gibt kaum andere Gelegenheiten, ins Gespräch zu kommen. Abends und an Wochenenden arbeitet er in seinem Zimmer an der Dissertation, und ich besuche Freundinnen. Ich verdiene mir außerdem gern etwas dazu, indem ich Leserbriefe beantworte. Das zählt nicht zu meinen eigentlichen Aufgaben, pro Brief gibt es fünf Mark. Da treten häufig seltsame Fragen auf. Darf ich meinen Mann psychisch quälen, wenn es zu meiner Befriedigung beiträgt. An die erinnere ich mich noch genaustens. Na ja. Als Redakteur in einer Frauenzeitschrift bin ich auf jeden Fall mit handfesteren Dingen beschäftigt als mit galaktischen Räumen. Trotzdem glaube ich nicht, daß gerade dieser Umstand störend für unsere Beziehungen gewesen wäre. Um ehrlich zu sein, ich hatte nie das Gefühl, daß unsere Beziehung gestört war. Wir lebten zusammen, nicht sonderlich eng, aber das brachte die Arbeit mit sich. Sie nahm uns eben in Anspruch. Das mit Manfred sah ich mehr als angenehme Ergänzung zur Ehe, zufällig entstanden, die Stadt lag wirklich auf der Route jener Orte, in denen ich für die Redaktion ab und an etwas zu erledigen habe. Ich hatte nie das Bedürfnis, meine Beziehung zu Manfred analysieren zu wollen oder in seine Gefühle tiefer einzudringen – man soll nichts verkomplizieren. Außerdem ist es wahrlich kein Vergnügen, die Zeit in einer Stadt mit Sinnlosigkeiten totzuschlagen, weil man auf den nächsten Zug wartet. Ich vermute, daß es Pierre ähnlich ging, gesprochen haben wir nicht darüber. Um so mehr überraschte mich sein Vorschlag. Jetzt, beim Erzählen, kommt mir ein Gedanke: Vor dieser Fahrt dachte ich meist »mein Mann«, wenn er in meinen Überlegungen vorkam. Danach gebrauchte ich häufig seinen Vornamen, bis jetzt hält das an. Den Vorschlag, gemeinsam nach H. zu fahren, machte er nach dem Abendbrot. Ich hatte den Tisch schon abgeräumt und blätterte in der Zeitung. Ich las die Rubrik »Was sonst noch passierte«. Ein Paar in den USA stellte einen neuen Weltrekord im Dauerküssen auf, weit über hundert Stunden. Pro Stunde jeweils fünf Minuten Pause, das weiß ich noch. Danach erklärten sie, nicht einmal ineinander verliebt zu sein. Pierre ergänzte seinen Vorschlag durch den Satz: Wir könnten doch zusammen was unternehmen. Ich war einverstanden. In derselben Woche fuhren wir. Jeder besuchte seinen Bekannten und zwei Stunden später gingen wir zu viert im Stadtpark spazieren. Danach Kaffee trinken. Die Männer stritten sich, jeder wollte die Zeche übernehmen. Zweimal fuhren wir noch nach H. Dann bekam Pierre ein Telegramm, in dem Christine mitteilte, daß sie in den nächsten Wochen leider keine Zeit habe. Wir fuhren trotzdem, und ich ging nicht zu Manfred. Pierre schlug vor, im Wald vor der Stadt ein wenig spazieren zu gehen. Ich war darauf nicht eingestellt und habe die Grasflecke erst beim zweiten Waschen aus dem Rock bekommen. Pierre schämte sich, weil er mich zweimal mit »Christine« ansprach. Ich tröstete ihn. Schließlich befand ich mich in der einfacheren Lage, da ich in solchen Situationen nie spreche. An diesem Abend referierte Pierre einige Gedanken, sein Verhältnis zu mir betreffend. Er müsse das Gefühl haben, mich nicht zu besitzen, dann würde sich bei ihm das Bedürfnis entwickeln, sich um mich bemühen zu müssen. Ich fand das Gerede nicht sonderlich interessant und nickte nur ab und zu. Nach H. fuhren wir nicht mehr. Eine Glückwunschkarte haben wir gemeinsam an Christine und Manfred geschickt, als sie uns auf einer vorgedruckten Briefkarte ihre Heiratsabsicht mitteilten. Zum Glück lud man uns nicht ein, denn ich befürchte, ich hätte nicht widerstehen können. Pierre fährt jetzt öfter nach D., nicht zu verwechseln mit dem Ort südlich von H. Mittwochs stecken immer die Fahrkarten in seiner Jakkettasche. Ich habe mein Adressbuch überprüft, von zwei Anschriften kam eine in Frage. Ein ehemaliger Studienkamerad, der den Brief binnen einer Woche beantwortete. Er freute sich über den Vorschlag, wieder einmal zusammenzukommen und lud mich in ein Cafe ein. Seine Wohnung befände sich gerade in keinem vorzeigenswerten Zustand, da die geschiedene Frau zwei Drittel aller Möbel mitgenommen habe. Ich antwortete prompt und fragte meinen Mann, ob wir nächsten Mittwoch zusammen nach D. fahren wollten, auch ich hätte dort zu tun. Erst schien es, als wolle Pierre zu einem Satz ansetzen, aber dann nickte er bloß.

Protokoll zur Strafsache Peter Reinhold und Herbert Klöppel

..., den 20. 11. 1977

Anhang: Anlage 1 (Vernehmungsprotokoll Peter R.)
Anlage 2 (Vernehmungsprotokoll Herbert K.)
Anlage 3 (Aussage Alfred S., Rentner)
Anlage 4 (Aussage Günter M., Unterleutnant der VP)
Anlage 5 (Aussage Maria S., Geschäftsführerin der PGH »Hans Helm«)
Anlage 6 (Aussage Helfried D., Brigadier)
Anlage 7 (Expertise über den Zustand der elektrischen Leitung)
Anlage 8 (Einschätzung der Kommunalen Wohnungsverwaltung – im folgenden KWV – über den Gebäudezustand)
Anlage 9 (Erklärung der KWV nach Kenntnis des Sachverhaltes)
Anlage 10 (Beurteilung Peter R., ausgestellt vom Arbeitskollektiv)
Anlage 11 (Beurteilung Herbert K., ausgestellt vom Arbeitskollektiv)
Anlage 12 (Liste des beschlagnahmten Materials)
Anlage 13 (Antrag der Gewerkschaftsgruppe der PGH »Hans Helm«)
Anlage 14 (Beschluß über die Einstellung des Verfahrens)

Abschlußbericht:

Am Samstag, den 27. 8. 1977, stand Peter R. (wohnhaft Ringstraße 80) gegen 6.15 Uhr auf und zog, nach Erledigung der Morgentoilette, seine Arbeitskleidung an. Gegen 6.40 Uhr erschien sein Freund Herbert K. (wohnhaft Grietgasse 12) vor dem Wohnsitz des Peter R. auf einem Moped der Marke »Star«. Nach Ertönen des vereinbarten Pfiffes begab sich Peter R. mit Werkzeug, sowie weiterem zur Installation einer elektrischen Leitung nötigem Material zum Moped seines Freundes.

Alle nachfolgenden Handlungen wurden nach einem vorher erarbeiteten Plan ausgeführt, wie beide übereinstimmend zu Protokoll gaben.

Zunächst fuhren sie in die Heinrich-Mann-Straße 7 (Baustelle Zwätzen, Baracke 5), wo sie gegen 7.00 Uhr angelangten und Peter R. die Baracke öffnete. Da seine Brigade in jenem Monat auf der Baustelle mit Installationsarbeiten beschäftigt war, besaß er einen Schlüssel. Er begab sich zum Werkzeugschrank, öffnete auch diesen (wobei hier der entsprechende Schlüssel aus einem allen Brigademitgliedern bekannten Versteck geholt wurde) und entwendete eine elektrische Verteilerdose (EVP: 9,80 Mark). Bei der Vernehmung wies Peter R. auf den Umstand hin, daß es diese zum damaligen Zeitpunkt nicht käuflich zu erwerben gab. Herbert K. beobachtete bis zur Rückkehr des Freundes die Straße.

Beide fuhren dann gegen 7.15 Uhr in Richtung Neumarkt bis zur Beethovenstraße 7, wo sie 7.25 Uhr vor dem Friseursalon »Hans Helm« hielten. Hier war Herbert K. im Besitz eines Schlüssels, da er zur Malerbrigade gehörte, die in der PGH Renovierungsarbeiten durchführte. Nach dem Öffnen der Tür schaffte er mit seinem Freund Werkzeuge und andere mitgeführte Materialien in das Innere des Geschäftes. Sämtliches Material (bis auf erwähnte Verteilerdose) stammte aus privaten Beständen, wie die spätere Überprüfung ergab (siehe Anhang: Anlage 12). Peter R. begann unverzüglich mit dem Verlegen einer elektrischen Leitung in die Toilette der PGH.

Im Zeitraum von 7.50 Uhr bis 10.30 Uhr wurden dabei folgende Gegenstände angebracht: ein Feuchtraumschalter, eine Feuchtraumsteckdose, eine Verteilerdose, eine Feuchtraumlampe, vier Meter Kabel, mehrere Kabelschellen, zwanzig Plastedübel. Das angefertigte Gutachten (siehe Anhang: Anlage 7) vermerkt in diesem Zusammenhang, daß die Schaltung ordnungsgemäß unter Berücksichtigung einschlägiger TGL-Bestimmungen verlegt worden ist. Schäden am Mobiliar der PGH konnten nicht festgestellt werden.

Die Idee zu dieser Aktion stammte von Peter R., dem Herbert K. öfter von den Klagen der PGH-Mitarbeiterinnen über das fehlende Toilettenlicht erzählte. Wiederholt gestellte Anträge seien von den zuständigen Stellen mit dem Hinweis auf bautechnische Schwierigkeiten (Wandfeuchtigkeit) und mangelnde Baukapazität abgelehnt worden. Die KWV beim Rat der Stadt bestätigte, daß es sich bei dem Gebäude um einen Altbau handle, der ursprünglich auf Abriß gestanden hat, demzufolge wollte man keine größeren Reparaturkosten mehr investieren (siehe Anhang: Anlage 8).

In der Zwischenzeit sei der Abriß (auf Grund fehlender Wohnraumkapazitäten) auf unbestimmte Zeit verschoben und die Gebäuderenovierung im Rahmen der Altstadtsanierung beschlossen worden. Der Genehmigung zum Verlegen einer elektrischen Leitung hätte prinzipiell nichts im Wege gestanden. Deshalb möchte die KWV, obwohl die Handlung von Peter R. und Herbert K. gegen baurechtliche Bestimmungen verstößt, von einer Anzeige absehen (siehe Anhang: Anlage 9).

Die Feuchtraumlampe war gegen 10.30 Uhr an das elektrische Verbundnetz angeschlossen. Bei dieser Tätigkeit traf sie ein Streifenwagen der Deutschen Volkspolizei an, der durch einen Hinweis aus der Bevölkerung informiert werden konnte. Der Zeuge Alfred S. beobachtete das Geschehen mittels eines Fernglases aus dem gegenüberliegenden Haus, wobei besonders die Eile, mit der zwei Personen in der PGH arbeiteten, seinen Verdacht erregte (siehe Anhang: Anlage 3).

Peter R. und Herbert K. wurden vorläufig festgenommen. Peter R., der wie Herbert K. den Ablauf der Tat bereitwillig schilderte, verweigerte jede Aussage über sein Motiv. Er bekannte sofort, Initiator und Alleinverantwortlicher der Angelegenheit zu sein. Herbert K. gab nach anfänglichem Zögern zu Protokoll, außer dem persönlichen Bedürfnis, den Angestellten der PGH eine Freude zu machen, habe eine Rolle gespielt, daß nach Vorstellung seines Freundes am Montag im Frisiersalon eine Spendenaktion für das chilenische Volk durchgeführt werden sollte. Mit dieser Aussage konfrontiert, bekannte Peter R. schließlich, er habe seinem Betrieb beweisen wollen, daß es überzeugendere Mittel und Wege gäbe als das Ansetzen von Solidaritätsaktionen, denen mehr aus Gewohnheit als aus Überzeugung nachgekommen würde. Deshalb wäre er auch kürzlich einem im Betrieb durchgeführten Subbotnik fern geblieben, zumal der angesetzte Termin mit Brigadevertretern nicht angesprochen worden war.

Im Arbeitskollektiv beurteilt man Peter R. und Herbert K. positiv, Einsatzbereitschaft und Kameradschaftlichkeit werden bei beiden hervorgehoben (siehe Anhang: Anlage 11, Anlage 12). Bei Peter R. stehe nur ein gewisser Hang zum Individualismus, zu unkontrollierter Spontaneität im Widerspruch zum sonstigen insgesamt erfreulichen gesellschaftlichem Engagement.

Nach Auswertung aller Fakten, erfolgter Rücksprache mit den Betrieben, unter Berücksichtigung des Umstandes, daß die Gewerkschaftsgruppe der PGH »Hans Helm« eine

Einstellung des Verfahrens beantragte (siehe Anhang: Anlage 12) und unter Berücksichtigung der Erklärung der KWV (siehe Anhang: Anlage 9) wird mit Wirkung von 18. 12. 1977 das Verfahren gegen Peter R. und Herbert K. eingestellt.

Der Fall wird den zuständigen Konfliktkommissionen übergeben. Beschlagnahmte Werkzeuge und andere Materialien sind den Eigentümern zuzustellen.

Szenenwechsel

Die Lichtung unweit der Stadt.

Vögel.

Das Laub.

Mischwald.

Stille.

Die Sonne.

Der Weg durch diese Lichtung.

Auf dem geht Bert Franke.

Abschalten, einmal ausspannen, vergessen die Stadt, den Lärm, die Fabrik. Sich erholen, sich richtig gehenlassen. Ein schöner Tag, denkt er.

Herbert Koch läuft denselben Weg entlang. Nur von der anderen Seite.

Gut, daß kein Ausflugslokal in der Nähe, die Spaziergänger sonst, vielleicht noch mit Autos; langt, wenn sie die Stadt verpesten. Und die Unfälle. Hoffentlich kommt die Sonne richtig durch, denkt er.

Beide laufen langsam aufeinander zu.

Einmal allein sein, ohne Bekannte und das Gerede. Viel öfter müßte man einfach so, überlegte Bert Franke, loslaufen ohne Ziel.

Pilze könnten hier stehen, dort hinten stehen sicher Pilze, überlegt Herbert Koch, Pfifferlinge vielleicht nicht, aber Maronen, Edelreizker. Etwas feuchter müßte es werden.

Bert Franke spielt mit seinem Haar, dreht den Kopf schnell nach rechts, schnell nach links, so daß es ins Gesicht schlägt, sich im Bart verfängt.

Herbert Koch will nicht mehr an Pilze denken. Er pfeift

ein Lied und, ohne es zu beenden, wechselt er zu einer anderen Melodie, steckt das zu kurze Hemd in die Hose, aus der es immer herausrutscht.

Dahinschlendern.

Die fast geschlossene Decke aus Laub zertreten.

Spazierengehen. Gammeln.

Noch recht kräftig die Sonne, ein schöner Herbst, wer hätte das gedacht, nach diesem Sommer.

Die Jacke hätte ich nicht mitzunehmen brauchen, nur eine unnötige Last, die Jacke hätte ich zu Hause lassen können.

Aber im Schatten ist es schon kühl, denkt Bert, im Schatten friert man fast.

Doch man weiß vorher nie, denkt Herbert, schließlich regnet es oft unerwartet.

Beide kommen sich näher.

Bert beobachtet die Wolken am Himmel.

Herbert einen Igel im Gestrüpp.

Ein Eichhörnchen, das sich von Ast zu Ast bewegt.

Das Netz zitternder Zweige.

Dieser Geruch.

Herbert Koch sieht einen jungen Mann.

Bert Franke bemerkt einen älteren Mann.

Vielleicht siebzehn, denkt Herbert.

Vielleicht sechzig, überlegt Bert.

Bei dem Beet am Zaun mache ich die zwei alten Reihen noch diese Woche weg. Die tragen nichts mehr, neue Senker müssen rein, sonst wächst keine ordentliche Beere. Wo die Enkel Erdbeeren so gern essen. Friedrich mal fragen, Friedrich hat bestimmt Senker übrig.

Bei Martin anschließend vorbeisehen, auf dem Rückweg. Oder ich hole zuvor das Tonband, die »Pinkfloyd« könnte ich dann überspielen, James Brown gleich mit. Martin müßte da sein, zu spät darf ich allerdings nicht hingehen. Hoffentlich hat er die LP's nicht schon zurückgeben.

Bert und Herbert treffen sich bald.

Jeder mustert sein Gegenüber.

Drei Schritte noch oder vier.

Der Weg ist zu schmal für zwei Personen, denkt Bert und tritt zur Seite.

Da bleibt Herbert stehen, kurz vor Bert, auf dessen Haare er deutet, den rechten Zeigefinger anhebend.

Er sagt:

»Früher, bei Hitler, hätte man dich vergast!«

Der Finger bleibt in der Luft hängen. In Brusthöhe.

Nur kurz und Herbert Koch geht weiter.

An Bert Franke vorbei, weiter.

Bert schweigt. Oder schweigt nicht und tritt zurück auf den Weg.

Tritt zurück, dreht sich um, brüllt:

»Dich genauso, Dreckskerl, du auch!«

Und geht weiter.

Die Freude

Er überlegte, was vorgefallen sein könnte. Er glaubte, ein ruhiges Gewissen zu haben, aber nicht so sehr, daß er dem da sorglos entgegensah. Wenn es etwas Gewöhnliches gewesen wäre, hätte der Dienstweg eingehalten werden können, und man brauchte ihn nicht gleich dorthin zu beordern.

Der Zettel lag am Dienstag auf dem Schreibtisch, am Freitag sollte das Gespräch stattfinden. Er nahm sich vor, die Sache für sich zu behalten und keinen damit zu belasten.

Seiner Frau fiel auf, daß nicht alles stimmte. Nicht nur, weil ihr Mann pünktlich nach Hause kam, den Aufwasch machte, freiwillig Schuhe putzte und höflich war wie selten – etwas an ihm schien verändert.

»Gibt's was im Betrieb?«

»Aber nein, ganz und gar nicht.«

Sicher, Sorgen im Betrieb, dachte sie, da er nicht losbrummte wie sonst: laß mich in Ruhe, hab den Kopf voll genug.

Der Mann schlief gut und träumte von Fleischklößchen, die plötzlich ins Riesige anwuchsen und mit Messern auf ihn zustürzten, die Messer kitzelten; er spürte keinen Schmerz, nur Ekel.

Am nächsten Tag arbeitete er korrekter als sonst, holte Rückstände auf, die er noch lang zu verschieben vorgehabt hatte, erledigte energischer als üblich Telefongespräche, versuchte Dinge in die Wege zu leiten, die schon als aussichtslos abgeschrieben waren. Seiner Frau brachte er Blumen und bestand darauf, das Abendbrot für beide zuzubereiten, so daß sie ihn skeptisch ansah und nach Gründen für sein Verhalten suchte. Fremdgegangen, schlußfolgerte sie schließlich. Falls dies stimmte, und er gestände es, dann mußte die Situation genutzt werden. Sie überlegte: Neue Schuhe, ein bestimmtes Paar hatte sie schon im Auge.

Nach dem Abendbrot sägte er Holz und ließ sich alles in Ruhe durch den Kopf gehen. Eigentlich hatte er sich nichts vorzuwerfen. Obwohl, was hieß n i c h t s, man natürlich nie sicher sein konnte, alles mit der nötigen Sorgfalt erledigt zu haben, da man nie genau wußte, wo die nötige Sorgfalt in unnötige oder in mangelhafte abglitt. Das eine wie das andere brachte genügend Gründe für Beanstandungen. Man mußte mit allem rechnen, auch damit, daß gar nichts war. Er dachte angestrengt über sein Verhalten nach, die Arbeit der letzten drei Monate, soweit das ohne Unterlagen möglich sein konnte.

Nach zwei Stunden schmerzte der Arm, und er vermutete, das gefunden zu haben, worum es am Freitag wahrscheinlich gehen würde.

Als alles zersägt war, schwitzte er, schwitzte auch noch im Bett, und die Frau vermutete nun eine Krankheit.

Er fragte, wo eigentlich sein Sohn wäre.

Sie antwortete, daß er doch wissen müsse, daß Manfred für zwei Wochen in ein Sportlager delegiert sei – er habe die Einwilligung zur Teilnahme selbst unterschrieben. Hoffentlich nichts mit den Nerven, überlegte sie, als er ihr einen Gute-Nacht-Kuß auf die Stirn gab.

Er schlief die Nacht traumlos und versuchte am Donnerstagmorgen Arbeitskollegen gegenüber besonders freundlich zu sein, entschuldigte sich vertraulich bei einem für ehemals eingefädelte, in der Zwischenzeit allseits bekannte und fast vergessene Intrigen – jener bedankte sich herzlich und vermutete eine neue.

Öfter führte sein Weg auf die Toilette, um ungestört mögliche Vorkehrungen zu erwägen. Vor allem wollte er einen kühlen Kopf bewahren, im Prinzip konnte ihm ja nichts passieren. Hoffte er. Strafbar war es jedenfalls nicht. Trotzdem mußte man auf gewisse Dinge eingestellt sein – und wenn das, was er im ungünstigsten Fall vermutete, zutraf, wäre es nicht schlecht, wenn er gleich als erster seinen Fehler nennen, abschwächen und einsehen würde. Mehrere Varianten wurden durchgespielt, was ihn nicht beruhigte, da er immer unsicherer war, ob es überhaupt um diese Sache ging oder eine andere. Oder gar keine, der Zettel war versehentlich auf den Schreibtisch gekommen. Auch etwas Harmloses, selbst ein Scherz kam in Frage. Das alles schien ein weites Feld der Möglichkeiten, eigentlich zeigte man sich ihm gegenüber zufrieden und freundlich, aber das konnte Taktik sein, die Ruhe vor dem Sturm.

Am Nachmittag versuchte er mit Kollegen längere Gespräche zu beginnen, erzählte von seinem Sohn, der gern auf die Sportschule wolle, er versäume kein Training und zeige, nach der Meinung anderer, auch beträchtliches Talent. Doch er als Vater hätte da Bedenken, immerhin bekäme er jetzt schon Vitaminpräparate. Die Angesprochenen staunten über den Redefluß des sonst mit Äußerungen sehr zurückhaltenden Kollegen, einige machte diese plötzliche Gesprächsfreudigkeit mißtrauisch, andere gingen gern auf das Thema ein. Allerdings mehr unter dem Gesichtspunkt, ob die DDR bei der nächsten Olympiade die Zahl ihrer Goldmedaillen noch vergrößern könne.

Er arbeitete zehn Minuten länger als erforderlich, wich so gut es ging Vorgesetzten aus, kam abends später nach Hause und hatte vorher ein paar Bier getrunken.

Die Frau roch es, auch die Schnäpse, sagte nichts, machte sich aber weitere Gedanken über den Zustand ihres Mannes. Als er dann im Bett zudringlich wurde, schienen ihre Erwartungen bestätigt: Sie hatte es immer geahnt, bei derartiger Überbeanspruchung auf Arbeit mußte es früher oder später soweit kommen. So sehen also die Folgen eines

Nervenzusammenbruchs aus, dachte sie. Am Montag würde sie mit dem Betriebsarzt sprechen, unbedingt würde sie das. Freitagmorgen, nach dem Aufwachen, versuchte er seinen Traum ins Gedächtnis zurückzurufen, doch nur ein Bild tauchte ständig auf; er, auf einer leeren Straße vorwärtsrennend, ohne von der Stelle zu kommen. Er schreit und bringt keinen Laut hervor.

Die noch zur Hälfte gefüllte Kaffeetasse setzte er auf den Tisch zurück, er hatte heute nicht den üblichen Appetit auf ein ausgiebiges Frühstück, sondern stand auf und ging zur Garderobe. Als er seinen Mantel überzog, spürte er den Wunsch, einfach zu verschwinden, nicht mehr da zu sein, für die Familie und seine Kollegen. Das verdutzte Gesicht seines Chefs, wenn man ihm sein Fernbleiben begreiflich zu machen versuchte: Nein, Gründe wisse man nicht – ja, bis zum letzten Tag hat er die Arbeit zuverlässig erledigt. Er stellte sich die aufgeregte Stimme seines Vorgesetzten vor, wenn die ersten Mutmaßungen laut wurden, bemerkte im Spiegel sein Lächeln und hörte auf, sich diese Situation auszumalen.

In der Straßenbahn mußte er eine Tablette gegen Kopfschmerzen schlucken und wußte immer noch nicht, ob es günstig wäre, das zurückzunehmen, wovon er nicht wußte, ob es ihm zum Vorwurf gemacht wurde – ja, sich nicht einmal sicher war, ob er in dieser Angelegenheit damals so gehandelt und entschieden hatte, wie er es sich jetzt einbildete.

Er kam zu keinem Ergebnis, auch nicht im Arbeitszimmer, wo die Kopfschmerzen zunahmen, alle Buchstaben auf den Blättern hin und her schaukelten, bis auch der Schreibtisch vor ihm zu schwanken begann.

Der Arzt verordnete eine dreiwöchige Schlafkur, zirka eine halbe Stunde vor dem Gespräch. Wegen Überanstrengung, schrieb er auf den Befund und dachte, muß es denn erst soweit kommen, daß sie umkippen.

»Schade«, sagte ein Kollege, »gerade an dem Tag, an dem man ihm die neue Stelle anbieten wollte.«

»Pech«, sagte ein Kollege, »und es sollte eine Überraschung sein.«

»Tja«, ergänzte der erste, »gar nicht so leicht, jetzt einen zu finden, der diese Beförderung auch als Auszeichnung ansehen wird.«

Traum

Das Zimmer. Mein Zimmer. Mein Zimmer? Ein Freund sitzt da, den ich nicht erkenne, ich weiß: ein guter Freund, er schweigt. Über den Schreibtisch gebeugt suche ich, höre ich auf zu suchen, da sich mein Kopf zur Glastür wendet. (Und ich wundere mich in keiner Weise, daß der Balkon an dieses Zimmer grenzt, daß eine Glastür beides trennt und verbindet.) Ich vergesse den Freund, der vielleicht nicht mehr im Raum weilt. Ich erschrecke. Ein Dunkel, jäh in den Tag gefallen. Lauter werdendes Pfeifen, das einen nervös machen könnte. Ich bin nicht nervös, ich denke: Sonnenfinsternis, und ahne, daß dies nicht stimmt. Zur Tür, schnell zur Tür, die sich mir öffnet. Ich stehe auf dem gekachelten Boden des Balkons. Sehe, daß vom Himmel Feuer fällt. Sirenen oder das Echo von Sirenen. Spüre, wie der Schreck zum Entsetzen gerinnt. Ist das noch ein Himmel, da oben? Es vibriert. Der Stadt werden alle Farben entzogen, bleibt jenes Glimmen. Denken: Die Sonne blutet aus. Dann renn ich weg bleibe stehn zerfällt das Haus vor mir etwas berührt mich etwas brennt eine Fackel mein Arm

Kein Grund zum Aufregen

»Sofort das Geld her und den Dreck wegmachen!« Die Arme werden zuerst sichtbar, ihre Arme, in der Luft hin und her bewegt, dann gegen die Hüften gestemmt, doch da ist die Frau schon die Treppe heraufgekommen, steht auf dem Katzenkopfpflaster am Rande des Marktplatzes, am Straßenrand, steht dort während sie Luft holt: »Denkst wohl, bei mir kannst du es. Bei mir nicht, du Laffe, bei mir nicht!«

Als ob er nichts gehört hat, beschleunigt der Angesprochene seinen Schritt, nicht sehr, allerdings muß er die Hand vom Griff der Mappe lösen, die je nach Auffassung Kollegmappe oder Aktentasche genannt werden kann, muß jenes Behältnis für sein Frühstücksbrot und verschiedenartiges Papier unter den Arm klemmen, um die schnellere Gangart mühelos zu halten.

Was soll er sich jetzt mit dieser Frau in Diskussionen einlassen.

»Feinen Mann markieren, und dann reicht's nicht für die zwanzig Pfennig!« Ihre rechte Hand, angehoben und zur Faust geballt, schlägt gegen die Luft.

Drei Soldaten treten aus der Gaststättentür gegenüber. »Mittwochabend und keine freien Plätze«, der längste schüttelt heftig den Kopf, »was nun?« Der zweite, dessen Schulterstücke ein dicker silberner Querstrich ziert, deutet mit der Hand über den Markt, Richtung Universitätshochhaus. Dort sei eine annehmbare Kneipe. Ob die nicht Ruhetag hat, will der Lange fragen, als der dritte seine Kameraden auf jene Frau aufmerksam macht, die gerade wieder zu schreien beginnt.

»Zu Hause kannst du einsauen, was du willst. Bei mir wird bezahlt.«

Sie lachen über diese dicke Frau im rotgeblümten Kittel, die ein paar hinkende Schritte hinter dem Mann her läuft, stehn bleibt.

»Kommst du wohl zurück!«

»Gib ihm Saures, immer tüchtig drauf!«, ruft der eine Soldat, dem Gefreiten fällt die Mütze vom Kopf, weil er sich beim Lachen zu weit nach vorn beugt.

Der Mann passiert fast schon das Rathaus, hinter dem er die nächste Seitenstraße links abbiegen wird, zur Bushaltestelle. Warum sein Wagen gerade heute in der Werkstatt ist, er hätte es nicht nötig gehabt.

»Um die Ohren schlagen müßte man dir das ganze Zeug!«

Hört denn das nie auf, denkt er und will seinen Mantel zuknöpfen, in dem Alter noch so ein Geschrei. Seine Hand läßt den obersten Knopf kurz vor dem Knopfloch los, zwei Männer stehen vor ihm, der eine im Schlosseranzug, der zweite mit kurzer gelber Lederjacke sagt: »Ich glaube, du bist gerufen worden.«

Der im Schlosseranzug nickt.

Der Angeredete mustert die beiden flüchtig, tritt einen Schritt zur Seite, und noch einen Schritt, um vom Bürgersteig auf die Straße zu kommen, als der in der Lederjacke dieselbe Bewegung macht.

»Entschuldigen Sie, ich muß doch sehr bitten! Sie können mir nicht einfach den Weg versperren!« Seine Stimme verfügt nicht über die gewünschte Empörung, er spürt seine Unsicherheit. Was wollen denn die beiden.

»Du bist gerufen worden, glaub ich.« Der im Schlosseranzug sieht sein Gegenüber auffordernd an.

»Unerhört! Was soll das bedeuten!« Sein Empfinden schwankt zwischen dem Verlangen, sich mit allen Mitteln hier Recht zu verschaffen, einfach weiterzugehen, koste es was es wolle, dieser Frechheit – denn wie anders soll man es nennen – entschieden entgegenzutreten, und dem ihm neuen Gefühl, daß sein Aufbegehren nichts nützen wird. Im Gegenteil. »Was glauben Sie, wen Sie vor sich haben.« Seltsamerweise empfindet er es als besonders beunruhigend, daß die beiden offensichtlich nicht betrunken sind, nicht einmal angetrunken.

»Haltet ihn, bin gleich da!« Der Ruf der Frau kommt aus einiger Entfernung, sie kann nur langsam auf den Mann zu hinken, der vor den beiden anderen steht, dieser Herr, der die Kollegmappe erneut in die rechte Hand genommen hat und dem plötzlich klar ist, weshalb er nicht weitergehen soll. Die Sache scheint jetzt so verwirrend, daß er vollends unschlüssig wird. Die beiden vor ihm blickten ernst. Wer weiß, wozu die fähig sind. Sie sind kaum jünger, um die vierzig, möglicherweise darunter. Damit die Hände eine Beschäftigung haben, steckt der Mann den obersten Knopf in das Knopfloch und überlegt, ob er versuchen soll, gütlich mit diesen Leuten zu reden oder jede Diskussion zu vermeiden.

Der in der Lederjacke richtet den Finger auf die Brust des Gestoppten, der gerade seinen Mantel zuknöpft, und spricht zu seinem Kollegen: »Weißt du, der Abteilungsleiter, als er mir heute einen Anranzer gab, weil die neue Linsenserie nicht fertig war, hatte dieselbe Krawatte um. Haargenau die gleiche.«

Die Soldaten folgen der Frau, langweilig ist es ohnehin, hier bahnt sich vielleicht eine Schlägerei an, zumindest etwas, das Abwechslung versprach. Er dürfe sich keine Urlaubssperre einhandeln, bemerkte der Gefreite, in drei Wochen sei die Hochzeit seines Bruders. Das Nicken des Langen, der auf das wippende Fleisch der Frau in Brusthöhe zeigt. »Klar, die hatn janz schönen Hamma.« Der dritte lacht und bleibt mit den anderen stehen, auf halber Höhe zwischen Gaststätte und der Gruppe mit den drei Männern, bei denen die Frau gleich sein wird.

»Könnten Sie mich aufklären, worum es hier geht!« Er blickt auf seine Armbanduhr.

»Da hört doch alles auf, keinen Pfennig bezahlen, alles vollmachen, und jetzt ...«, die Frau muß den Satz unterbrechen, es strengt an im Laufen zu schimpfen – auch als sie angekommen ist, keucht sie sekundenlang, ohne weiter zu reden.

Verwundert blickt der Mann auf die Frau, als ob er sie erst in diesem Augenblick bemerkt: »Ach so, warum sagen sie das nicht gleich. Deswegen muß man nicht schreien. Ich habe wohl das Bezahlen vergessen? Kann ja jedem mal passieren.«

»Hast du was von verdreckt gesagt?« Der im Schlosseranzug sieht die Toilettenfrau an, die auf den Finger des Mannes blickt, der aus seinem Mantel ein Lederetui herauszieht, das nur eine Brieftasche sein kann.

»Klar, daneben gemacht hat er«, ihre Stimme beruhigt sich, »kann schon mal passieren, klar, wir sind alle nur Menschen, aber da sagt man was und schleicht nicht still und heimlich davon.«

»Will man gar nicht glauben, wenn man den Herren so sieht.« Der zweite Arbeiter lächelt ein wenig.

»Normalerweise wird ja vorher gezahlt, aber sein Vorgänger hat die Tür offen gelassen, so daß er rein konnte, ohne mich zu rufen.«

Der Mann beschließt jetzt einzulenken, freundlich zu sprechen, auch wenn ihm die Sache zutiefst zuwider ist: »Das kann man doch klären. Ich zahle, hier, einzeln habe ich es leider ...«

Doch da unterbricht ihn schon der im Schlosseranzug: »Erna, ist die Toilette anständig zu verlassen oder nicht?«

»Wie man sie vorgefunden hat.«

»Und wie hast du sie vorgefunden?«

Der jetzt sehr energisch Angesprochene hält ein Geldstück in Kinnhöhe der Frau, die unentschlossen scheint, keinesfalls mehr wütend. »Bitte, fünf Mark dürften wohl reichen.« Sie blickt zu den Männern. Einer legt seine Hand auf den Arm des Mannes, schiebt ihn mit dem Geldstück zur Seite. »Das haben wir gern. Erst keine zwanzig Pfennig und wenn es peinlich wird, auf den Schlamm hauen. Mach deinen Dreck weg!«

»Erlauben Sie ...«, ihm fehlten die Worte, die er gebrauchen konnte, das kam selten vor. Ruhig bleiben, dachte er, obwohl es schwerer wurde. Was mischen die sich in dieser Weise ein.

»Na, wenn er zahlt«, die Frau zuckt mit den Schultern, fast beschwichtigend, »man muß das aber auch verstehen. Wenn ich jedem das Zeug wegwische, werde ich nie fertig.«

»Keine Aufregung, der kommt schön mit.«

Zum zweitenmal innerhalb einer Minute wechselt die Aktentasche die Hand, als ob sie zu schwer geworden wäre. »Verstehen Sie doch, ich muß dringend wohin.« Er tippt auf die Tasche.

»Aha«, der im Schlosseranzug deutet mit der linken auf seine rechte Hand, »wir auch.«

Einen Augenblick ist völlige Stille. Der Gefreite fummelt am Koppelschloß, der Gürtel ist ihm zu eng. Der Lange versucht festzustellen, ob seine Hose zu kurz ist, aber er kann von oben nur schwer einschätzen, ob beim Gehen Saum über den Schuh fällt. Zumindest einen Spiegel brauchte er. »Das kommt davon, wenn man auf Muttchen nicht hört!« Doch die anderen lachen kaum über den Dritten und der Gefreite schlägt vor, weiterzugehen und endlich ein paar Liter Alk einzuführen, er verspüre richtigen Wodka-Durst.

»Meine Herren, es tut mir leid, ich habe wirklich keine Zeit.« Der Mann zieht seine Armbanduhr auf, er möchte nicht unbeschäftigt herumstehen.

»Mir macht die Arbeit keinen Spaß. Für das Geld. Abrakkern muß man sich, dazu mit dem Bein. Wo ich kaum gehen kann. Das muß man doch einsehen, wer will heute solche Dreckarbeit machen. Guckt sie euch doch an, die Löcher, wo keiner mehr drauf gehen kann. Weil sie nicht in Pacht sind. Entweder zahlen oder im eigenen Mist sitzen.« Sie seufzt.

»Gehen wir los?« Die Frage des einen Arbeiters, an seinen Kollegen gerichtet, deutlich verstanden aber auch von dem Herren, der den Griff seiner Mappe mit beiden Händen umklammert hält, als sei er nun in Sorge, sie zu verlieren, diese Frage, beiläufig gestellt und leise, bewirkt eine halbe Drehung des Mannes, dessen Tasche die rechte Hand nun wieder allein trägt, dessen Gedanken nur noch über einen Satz verfügen: Die Sache endlich hinter sich bringen, irgendwie hinter sich bringen. Und der, um nicht unterwürfig zu schweigen, nun sagt: »Na gut.« Beim Zurückgehen bemüht er sich, schneller als die anderen zu sein.

»Wie geht das Geschäft?«

»Herbst ist eine gute Zeit. Im Sommer machen alle an die Bäume, aber jetzt, wo es kühler wird, komme ich auf meinen Umsatz.«

Der Mann hört das Gelächter und will darauf nicht reagieren, was Überwindung kostet, da ihn der Verdacht behelligt, es gelte ihm, auch wenn die das Lachen auslösenden Worte in keiner Beziehung dazu stehen. Oder doch, Umsatz, damit könnte sein Geld gemeint sein. Wieso war er wegen albanischem Kognak in diese miese Gegend gefahren. Wegen ein paar albernen Flaschen, die es dann noch nicht einmal gab. Und in einer Stunde begann zu Hause die kleine Feier, Bekannte würden kommen, ein paar Kollegen.

»Hast es ja bald geschafft.«

»Bis acht noch, dann mache ich dicht.«

Er widersteht der Versuchung sich umzudrehen, um festzustellen, ob jetzt der im Schlosseranzug oder der andere gesprochen hat, welche Stimme zu wem gehört. Stattdessen steigt er die Stufen herunter.

Die beiden Arbeiter verabschieden sich am Geländer.

»Und vergiß nicht, die zwei Groschen zu kassieren.«

»Von dem würde ich keinen Pfennig nehmen.«

»Ach was, Geld stinkt nicht.«

Undeutlich hört der Mann die Stimmen, überspült vom Geräusch des ständig fließenden Wassers. Er steht neben dem Automat mit den Präservativen und leidet einen Moment an der Vorstellung, er könne hier ausrutschen, auf den feuchten Boden fallen. Er geht auf die Kabine zu.

»Denk dran, wir sind in der Nähe!« Der im Schlosseranzug dreht sich noch einmal um und ruft das der Frau zu, die schon auf halber Treppe ist.

»Wird nicht nötig sein«, antwortet sie und steigt weiter hinab. Unten angekommen, weist sie mit einer Handbewegung auf den entsprechenden Lappen. Dann verschnauft sie.

Neben dem Klosettbecken kauernd wischt der Mann mit dem feuchten zusammengeknüllten Stück Stoff über den Brillenrand, gründlich, bevor er vereinzelte Flecke auf den Kacheln vor dem Becken entfernt. Wenn ihn seine Frau so sehen würde. Oder die Tochter. Die Kacheln nahe der Wand reibt er auch ab, den Lappen nicht mehr als nötig anfassend: er bemüht sich, keine bräunlichen Stellen zu berühren.

An der Wand in Kopfhöhe eine Holzleiste, daran der Spruch: »Lebt wohl ihr deutschen Frauen, ihr wart die größten Sauen!« Nicht sein Inhalt, sondern die Machart unterscheidet ihn von den übrigen, die in reichlicher Zahl die Wand bedecken. Der Mann wundert sich, daß er jene tief in das Holz geritzten Buchstaben vorhin übersehen hat, obwohl sie exakt mit roter Farbe nachgemalt worden sind, wahrscheinlich mit Filzstift, und so sehr auffällig wirken.

»Ist schon gut.« Die Frau streicht mit den Händen über ihren Kittel, um eine Falte zu beseitigen. »Kannst aufhören.«

Sie sagt das, als er im Begriff war den Lappen wegzulegen, so daß der Mann noch über weitere vier Kacheln wischt, bevor er sich aufrichtet. »Wohin?« Auf ihre Geste läßt er den Fetzen fallen und betrachtet die Preistafel, während Wasser aus der Leitung über seine Hände läuft. Toilettenbenutzung 0,10 M Kabinenbenutzung 0,20 M Händewaschen 0,20 M.

»Ich mein es nicht böse, man muß sich um alles kümmern. Was hier schon passiert ist, Geschichten könnte ich erzählen.«

Sie reicht ihm ein frisches Handtuch, an dem er die Finger trocken reibt, um die Brieftasche hervorzuholen und ein Markstück auf den Teller zu legen. »Einmal Kabine, einmal Hände waschen.«

Geduldig wartet er, bis die Frau alles Wechselgeld hingelegt hat, auch die letzten fünf Pfennig, einzeln, Stück für Stück aus der Tasche ihrer Kittelschürze hervorkramend.

»Bitte sehr«, sagt sie, als der letzte auf dem Teller liegt.

Er steckt das Geld in die Jackettasche und will den Raum erst grußlos verlassen, sagt dann aber betont deutlich »Auf Wiedersehen«, hört kaum noch die Erwiderung der Frau, da er schon die Treppe hochhastet.

Bertram

1

Sie sitzen in der Kneipe seit zwei Stunden.

Seit zwei Stunden das Bier, die Brause vor sich, die Musik im Raum.

Er sagt nichts.

Sie sagt nichts.

Er nimmt das Glas in die Hand, sein viertes.

Sie nimmt das Glas in die Hand, ihr drittes.

Er trinkt einen Schluck Bier.

Sie trinkt Brause und beobachtet das Paar am Nachbartisch: der Mann bewegt die Hände, die Frau lacht, er bewegt die Hände schneller, sie lacht heftiger.

Er überlegt, was man sagen könnte.

Sie denkt, er könnte ruhig etwas sagen.

Im Radio beginnt ein neuer Titel. Discosound.

»Ein Bier werde ich noch bestellen«, sagt er.

»Hm.«

»Und du?«

»Nicht nötig.«

»Gut.«

»Leer heute.«

»Ja, ziemlich leer.«

»Sonst ist es voller hier.«

»Meistens.«

»Letzten Sonntag waren mehr Leute hier.«

»Vorletzten auch.«

»Ich glaube.«

»Ganz sicher, vorletzten waren hier mehr.«

»Vor drei Wochen haben wir kaum Platz gekriegt.«

»Vor drei?«
»Ja.«
»Nicht vier?«
»Vor vier haben wir gut Platz gekriegt.«
»Bist du sicher?«
»Glaub schon.«
Nicht das Gespräch abreißen lassen, denkt er: »Zu viele Leute stören immer.«
»Nicht immer.«
»Aber oft.«
»Oft ja.«
»Man kann sich gar nicht unterhalten.«
»Stimmt, wenn es so voll ist, machts keinen Spaß.«
»Wir haben Glück heute.«
»Klar.«
Er nickt.
Sie schüttelt den Kopf.
»Eigentlich komisch«, sagt sie.
»Wieso komisch?«
Der Ober kommt. Er nickt ihm zu.
Der Ober greift das leere Glas und geht.
»Wieso komisch«, wiederholt er.
»Weil es heute so leer ist.«
»Zum Glück leer ist.«
»Vor drei Wochen war es voll.«
»Na und?«
»Vor fünf auch.«
»So.«
»Ja, vor fünf.«
»Ist doch egal.«
»Aber heute nicht.«
»Vor vier auch nicht.«
»Ich mein es anders.«
»Versteh nicht.«
»Manchmal ist es voll, manchmal nicht voll.«

»Und manchmal halbvoll.«

»Genau das.«

»Ach so.«

Der Ober bringt ein neues Bier und macht einen Strich auf den befleckten Pappkreis. »Wohl bekomms!«

Dann entfernt sich der Ober.

Sie streicht eine Strähne von der Stirn.

Er nickt zweimal kaum merklich.

Das Paar am Nachbartisch bezahlt.

Er nimmt den Bierdeckel in die Hand, betrachtet ihn.

Sie mustert den Mann, der seiner Begleiterin den Mantel hält. Er trägt eine Brille und sieht aus wie ein Intellektueller. Die Frau lacht noch immer.

Er legt den Deckel hin.

Sie blickt ihn an.

Er schaut sie an, blickt zum Fenster.

»So leer wie heute war es noch nie«, sagt sie.

Er sieht sich um, zuckt mit den Schultern: »Kann sein.«

»Finde ich seltsam.«

»Vieles ist seltsam.«

»Sag ich doch.«

»Man soll sich nicht über alles einen Kopf machen.«

»Hm.«

Er denkt, eine Stunde können wir noch bleiben.

Sie: schade, daß die Eltern da sind, klappt es wieder nicht in der Wohnung.

Er hat keine Lust, weiter zu sprechen.

Sie will jetzt nichts sagen.

Ihm fällt die morgige Arbeit ein.

Ihr, daß der Sonntag vorbei, bald wieder Montag ist.

Die Drehmaschine, ausspannen einspannen drehen, viel zu langsam vergeht die Zeit, einspannen drehen ausspannen, bald kommen halbautomatische, drehen ausspannen einspannen, ab nächstes Jahr Dreischichtsystem, ausspannen den Drehstahl auswechseln einspannen, und immer auf

Leistung, Gewohnheit Gewohnheit, lieber in den Transport, Schmott gibts da auch, drehen drehen drehen drehen, man muß den richtigen Platz erwischen, ab Herbst, spätestens nächstes Jahr...

Wieder die Gläser verpacken, immer die Gläser verpakken, dieselben Gläser in die gleichen Schachteln, Packung öffnen Gläser hineinstellen Pappe dazwischen mit Holzwolle ausstopfen, Gläser Schachteln Pappe Holzwolle, die ewig gleichen Handgriffe, Holzwolle Gläser Pappe Schachteln, ständig früh raus, Pappe Holzwolle Schachteln Gläser, lieber heiraten, Sprünge Ausschuß Planerfüllung, das Gerede unter den Frauen, öffnen hineinstellen ausstopfen öffnen hineinstellen ausstopfen, ein Kind, daß man aufhören kann...

Er will an etwas anderes denken.

Sie überlegt, warum sie sich jetzt darüber Gedanken macht.

Kino vielleicht heute Abend.

Im Fernsehen könnte was sein.

Ach nein, in dem Film waren wir schon.

Immer nur Fernsehen ist auch nichts.

Mist, daß es draußen noch kalt ist.

Die Pille wieder ab Dienstag, ja nicht die Pille vergessen.

Kein Tanz heute.

Hoffentlich krieg ich nicht wieder Bauchschmerzen, sonst muß ich doch zum Arzt.

Elendes Kaff.

Hier ist aber auch nichts los.

Plötzlich bekommt er Lust, etwas zu machen. Eine Sache, mit der keiner rechnet, die ihm keiner zutrauen würde – große Lust darauf bekommt er.

Sie wünscht sich etwas Schönes, sehr Schönes, was sich niemand vorstellen kann, so schön soll es sein. Und unerwartet müßte es kommen, schön und unerwartet – sie trinkt ihr Glas auf einen Zug leer.

Er schüttelt den Kopf.

Sie runzelt die Stirn.

Er öffnet den Mund.

Sie schaut ihn an.

»Auch wenn es nicht voll war, um diese Zeit wurde es immer voller.«

Die Musik hört auf. Ein Zeitzeichen. Der Nachrichtensprecher. Das Radio verstummt.

»Vielleicht ist was«, sagt sie.

»Was soll denn sein?«

»Vielleicht Fußball.«

»Fußball ist nicht.«

»Na ja. Wer weiß.«

Er nimmt sein Glas in die Hand.

Sie betrachtet die Tischdecke.

Er beobachtet den zusammenfallenden Schaum.

Sie schaut auf ihre lackierten Fingernägel.

»Warum.« Er spricht dieses Wort sehr leise.

Sie lacht: »Warum, warum ist die Banane krumm.«

»Man wird doch mal fragen können.«

»Red keinen Stuß.«

Ihm fällt auf, daß er das Glas noch in der Hand hält. Er setzt es ab, ohne getrunken zu haben.

Sie sucht nach einer Nagellackfarbe, die besser zu dem Pullover paßt: perlmutt oder rose, zu Hause wird sie es ausprobieren.

Er pocht mit dem Zeigefinger gegen das Bierglas. »Seltsames Zeug«, sagt er.

2

Das Telephonbuch lag ausgebreitet auf der Treppe, die Mutter saß daneben auf dem hellgrünen Läufer. »Guten Abend, entschuldigen Sie ... Würden Sie bitte so freundlich sein und meinen Mann ausrufen lassen ... ja, ich sagte es schon Ihrem Kollegen – eine dringende Sache.«

Eine Treppe höher, vor dem Korridorspiegel, Bertram.

Wie lange stand er schon hier und rührte sich kaum. Gehen, weglaufen, nicht in sein Zimmer, doch wohin. Er stellte sich eine Melodie vor, einen Schlager, dessen Rhythmus man mit den Fingern klopfen konnte. Auf dem lackierten Holz der Kommode unter dem Spiegel; wenn nach dem schnellen Wirbel des Drummers ein harter Schlag kommt, jeweils ein Fingerschnippen. Ein Rhythmus, der jeden mitreißt, aufspringen läßt, wenn er als Sänger im kaum überschaubaren Saal steht, vielleicht einem Stadion, »Want you« schreit, vier Mal, bevor er das Mikrophon in Kinnhöhe reißt. Sofort nach den ersten Takten beginnen die Leute mitzuklatschen.

Die Stimme der Mutter. Ihr Mann war auch in dieser Gaststätte nicht. Sie stand auf, legte den linken Zeigefinger auf die nächste angekreuzte Nummer im Buch und wählte mit dem rechten. Sie würde bald die Brille brauchen, der Arzt hatte es gesagt, die Ziffern verschwammen vor den Augen. Die Arbeit im Abfüllraum, umsonst wurde der Säurezuschlag nicht gegeben.

Bertram hörte auf, mit den Fingern zu trommeln. Jetzt einfach das Haus verlassen. Doch es ging schon auf elf und am anderen Morgen mußte er in die Berufsschule. Er öffnete die Tür zum Bad und schloß sie vor sich. Dann öffnete er sie wieder.

Die Mutter zog eine Zigarette aus der Schachtel und suchte im Wohnzimmer den Aschenbecher. Er stand unter dem Ofen, sie wollte schon losschimpfen, als ihr einfiel, daß sie ihn selbst dahingestellt hatte. Von Monat zu Monat rauchte sie mehr, seit der Mann anfing wegzubleiben, die Nacht durchzusaufen.

Ihre Hand zitterte, schreien wollte sie, ihm sagen, was er verdient. Aber er war nicht da. Trotzdem schrie sie: »Scheiden laß ich mich, scheiden!«

Bertram ließ Wasser in die Wanne fallen und hörte die

Stimme der Mutter nicht mehr. In zehn Gaststätten hatte sie angerufen, in sieben würde sie noch anrufen, drei hatten Ruhetag. Freitag wären es achtzehn, Samstag und Sonntag neunzehn, Montag nur zwölf. Einmal versagte das Telephon, und sie warf es an die Wand; in vier Teile zersprungen lag das Gehäuse auf dem Teppich. Wie die Puzzles in den Ausschneidebögen, dachte Bertram. Sich mit dem Betrieb in Verbindung setzen, überlegte sie und wählte zum fünften Mal eine Nummer, die ständig besetzt war.

Bertram zog den Stöpsel aus der Wanne, neues Wasser konnte so ohne Unterlaß zufließen. Er war am Meer, es rauschte, das Blau über ihm, nur von Möwen berührt, der Sand zwischen den Fingern. Seine Lieblingsstelle am Strand, einen Steinwurf von den Dünen entfernt. Er schwamm hinaus, über die Bojen, Wasser ringsum; es dürfte nie kalt werden. Auf einmal der Gedanke: Was wäre, wenn Vater gar nicht mehr – er öffnete die Tür und horchte.

Das Schnurren der Scheibe beim Wählen, dieser provozierend gleichgültige Ton.

Die Mutter hatte jetzt ein verweintes Gesicht, wenn Vater kam, würde sie einen wütenden Blick bekommen. Was ist der Unterschied zwischen wütend und zornig, dachte Bertram und legte die Hand an den Boiler. Er sollte etwas sagen, ihr gut zureden, Mut machen. Der Boiler faßte sich warm an. Manchmal sprach seine Mutter vom Weggehn oder davon, daß sie sich – er hatte Angst daran zu denken. Genau wie an die Scheidung, darüber redete sie am meisten.

Er hielt die Hand unter das Wasser und stellte es mit der anderen Hand wärmer. Alles müßte plötzlich gut sein, alles. Er drehte es kälter. Wärmer, kälter. Wenn diese Ungewißheit nicht wäre. Die Mutter schien zu fluchen, er verstand etwas vom Affentanz, den sie nicht länger mitmachen wolle. Bertram stellte das Wasser ab.

»Und?« fragte er auf dem Korridor.

»Nirgends.«

Reg dich bitte nicht auf, du bist nicht auf ihn angewiesen, laß ihn das spüren, ich halte zu dir. So oder ähnlich. Ihm fielen einige Sätze ein, die er alle nicht sprechen konnte. Er drehte an den Knöpfen seines Mantels, der neben dem Spiegel hing. Wenn er Vater etwas sagte, schrie der nur, jetzt hetzt du noch deinen Sohn auf, alles wollt ihr einem verekeln, und blieb noch öfter weg.

Im Wohnzimmer schaltete die Mutter den Plattenspieler ein.

»Einmal fang ich dich ein, einmal, da wirst du mein.« Die Tür zum Flur blieb offen. »Einmal, das weißt auch du, zieh ich die Schlinge zu...«

Bertram sah in den Spiegel, um mit Daumen und Zeigefinger Mitesser zu entdecken. Dann lief er auf dem Korridor auf und ab, langsam, mit möglichst kleinen Schritten. Der Weg zwischen Badezimmer und Fenster sollte nicht zu schnell zu Ende sein.

In der Küche klappte eine Schranktür. Die Mutter zündete das Gas an. Kaffee, überlegte Bertram. Er wartete, ging ins Bad zurück und putzte seine Zähne. Ob ein Hammerschlag genügte, die hellblaue Kachel vor ihm zu zertrümmern? Erst seit letztem Sommer war das Bad gekachelt. »Beziehungen spielen lassen«, nannte das Vater und lachte dabei. Mutter lachte auch, wenn ihr Mann so sprach. Bertram gurgelte, spülte seinen Mund gründlich. Am Anfang war er froh gewesen, endlich mußte beim Duschen keine Rücksicht mehr auf die Wände genommen werden. Er zog seinen Pullover aus, das Unterhemd auch, seifte einen Waschlappen ein und rieb das Gesicht ab; Arme und Brust danach mit einer Bürste. Vielleicht sollte man gar nicht heiraten. Die Borsten waren hart, einige fehlten – um so angenehmer anschließend das Handtuch auf der Haut.

Ein kurzer Hupton.

Er ging zum Fenster und sah das Taxi. Gleich würde es klingeln, Vater benutzte nie seinen Schlüssel, wenn er später kam. Er sei mit Bekannten weggewesen, habe schon den ganzen Abend anrufen wollen, würde er sagen, am Apparat müsse etwas nicht in Ordnung sein. Du Schwein, wird die Mutter brüllen, Drecksau, du. Bertram rieb mit dem Handtuch beharrlich auf seiner Schulter, obwohl sie trocken war. Vater wird Mutter erst zu beruhigen versuchen, dann immer weniger sprechen und sich irgendwann übergeben. Danach wird auch er schreien: Das ist doch kein Leben, sich alles vorschreiben lassen. Ihr Gebrüll ist bis in sein Zimmer zu hören, und wenn es ruhig wird, nach ein, zwei Stunden, würde er einschlafen. Er hängte das Handtuch an den Haken.

Es klingelte. Die Mutter eilte zur Tür.

3

Er fährt durch die Stadt, um einen Krankenhausplatz für seinen herzkranken Vater zu finden, als die Mutter am Straßenrand steht und gestikuliert. Sein Begreifen, daß alle Betten belegt sind und er zum Rettungsamt muß. Drei sich auf der Straße prügelnde Frauen versperren den Weg; ehe er aussteigen und sie von der Fahrbahn vertreiben kann, sind zwei Krankenpfleger am Wagen, ziehen seinen Vater aus dem Kofferraum des Autos. »Behandeln Sie ihn vorsichtig, es ist mein Vater«, sagt Bertram und überlegt, wie der Vater vom Beifahrersitz in den Kofferraum gekommen ist. Seine Mutter öffnet die Wagentür und erinnert an die beginnende Beerdigung. Bertram läuft den Krankenpflegern nach, reißt die über die Trage gelegte Decke weg und sieht, daß dort ein Fremder liegt, dem man einen Arm amputiert hat. Er folgt der Mutter, die seine Hand ergreift und steht vor einem fußballgroßen Erdloch. Ringsum bekannte Gesichter, Leute aus der Straße: die oft verspottete Serviererin, Arm in Arm mit der Frau aus dem Gemüseladen, jenes schöne Mädchen aus der Parallelklasse, das er sich nie getraute anzusprechen, der ewig betrunkene Losverkäufer – dazwischen fremde Menschen, die Fotoapparate vor den Gesichtern halten. »Alkohol ist des Menschen Wohl«, der seit zehn Jahren tote Pfarrer predigt, »aber zuviel des Guten ist ungesund.« Einige der Umstehenden klatschen, Fotoapparate klicken. »Ich habe es immer gesagt, aber auf uns hört ja keiner«, der Redner dreht sich zur Seite, um ein Blatt zu unterschreiben, das ihm der Zeitungsgeldkassierer hinhält. Bertram wundert sich, wieso er den Abteilungsleiter mit dem Pfarrer verwechseln konnte und will das seiner Mutter sagen, doch die steht nicht mehr neben ihm. »Vertrauen«, äußert der Abteilungsleiter, »Vertrauen in das, was wir sagen.« Bertram verläßt seinen Platz, um die Mutter zu suchen, als ein Mann der Betriebswache ihn am Arm packt; jener Polizist, der zweimal schon den Betriebsausweis beschlagnahmt hatte, da die Marke für das neue Quartal fehlte. »So nicht, mein Freund!« ruft er und führt den Gegriffenen zu dem Loch, welches aus einiger Entfernung kleiner wirkte und das sich als ein sauber ausgeschaufeltes Rechteck herausstellt. »Man sollte sein Alter berücksichtigen«, der Meister seufzt und betrachtet die Erdhaufen rings um das Grab. »Wir wollen ja nur sehen, ob es schon reicht«, der Abteilungsleiter nippt an seinem Glas Brause. Ohne Hilfe anbietende Arme in Anspruch nehmen zu müssen, gelingt Bertram das Hineinbegeben. »Alle Achtung, schließlich fehlt die Übung«, der anerkennende Ton in der Stimme des Meisters beruhigt. Er liegt bequemer als er es vorher angenommen hätte. Der Gedanke: sich einmal richtig ausschlafen können. Ein angenehmes Gefühl, die Berührung seines Körpers mit der Erde, die Schaufel für Schaufel auf ihn fällt.

4

Diese Hitze. Auch noch am Abend, als die Bahn hält, noch nicht gehalten hat, Bertram vom Trittbrett springt, der Fahrer nicht auf den Knopf drückt und die Tür zuschnarren läßt, Bertram über die Straße geht, auf dem Bürgersteig ist, als die Bahn steht.

Auf der Hauptstraße noch zweihundert Meter. Dann links am Werk vorbei in den Ebenholzweg. Von dort rechts über die Kreuzung. Bennostraße bis Ecke Fischplatz. Dann wieder rechts. Thälmann-Ring und bei der Baustelle links. Die Straße des 7. Oktober geradeaus bis zum Volkshaus. In zehn Minuten dürfte es zu schaffen sein.

»Heiraten ist blöd.«

Sie zerkaut den Grashalm.

»Denk ich auch, ein Stempel, mehr nicht.«

Bertram neben ihr im Gras.

»Und ein Schein.«

Die Decke unter beiden.

»Und zwei Ringe.«

Die Decke aus Vaters Wartburg.

»Und eine schöne Fete.«

»Feier.«

»Ist doch egal.«

»Nee, Fete ist mit Freunden, Hochzeit mit Verwandtschaft.«

Die besonders weiche Decke.

»Geht auch mit Freunden.«

»Da streikt die Verwandtschaft.«

»Ist uns doch egal.«

Seine Hand auf ihrer Hand.

»Mir langt schon der Anzug. Und eine Krawatte, die nicht paßt.«

»Und Schuhe, die drücken.«

»Ach, so ein weißes Kleid wäre nicht schlecht.«

Sie läßt den Halm fallen.

»Einen Anzug erst zu meiner Beerdigung.«

»Ich geh dann in schwarz. So ein schönes langes, mit was vorm Gesicht. Schwarz steht mir.«

»Heulend wirst du hinter meinem Sarg schreiten.«

»Aber das Make-up darf nicht verwischt werden. Schließlich bin ich Witwe und muß mir einen neuen angeln.«

Ihre Hand auf seiner Hand.

»Finde ich unfein zu meiner Beerdigung.«

»Du darfst das im umgekehrten Falle auch.«

»Ich werde vor Trauer zugrunde gehen.«

»Fang lieber an zu sparen, die vielen Kleider, ich will sie natürlich maßgeschneidert.«

Seine Hand auf ihrem Haar.

»Versteht sich. Und zwischendurch lassen wir uns dreimal scheiden, damit es mehr zu feiern gibt.«

»Und vier Kinder.«

Ihre Hand auf seiner Brust.

»Gleich vier?«

»Nein, fünf.«

»Sechs.«

»Neun.«

Oben der fleckige Himmel.

»Und wenn es uns ankotzt, hauen wir ab. Ins Gebirge, wir suchen uns eine Höhle.«

»Ein Bungalow.«

»An einem Waldsee.«

»Mit ganz klarem Wasser und eigenem Segelboot.«

Der Pullover neben ihr im Gras.

»Wir besetzen einfach eins.«

»Wenn jemand kommt, spielen wir Gespenst und verjagen alle.«

Die Hose neben ihm.

»Außer, wenn ein sehr schönes Mädchen dabei ist.«

»Außer, wenn ein sehr hübscher Mann dabei ist.«

Die blasse Haut auf der braunen Decke.

Wie das riecht, denkt er.

Die Wolken sind ganz zerzaust, denkt sie.

Pro Schritt drei Vierecke des mit Platten belegten Gehsteiges überwinden. Links der Friseur. Schneller gehen. Bloß gut, daß Klaus angerufen hat. Schuh- und Lederwaren. Klaus ist Kumpel. Sich beeilen, damit er diesen Kerl noch erwischt. Die Bäckerei. Schwer in Ordnung ist Klaus. Überraschen wird er die. Zeigen wird er es ihnen. Der Zeitungskiosk. Schneller, schneller.

Bertram auf der Bennostraße.

Ein Fahrrad holpert über die zerplatzte Haut der Fahrbahn.

Bertram rennt fast.

Vorbei an der Druckerei.

Dem Kindergarten.

Am Gebäude mit den vergitterten Fenstern. In der untersten Etage brennt noch Licht. Jedesmal wenn er dort vorbeikommt, brennt Licht.

Bertram springt zur Seite, hätte den Wagen fast zu spät gesehen.

Egal, denkt er.

Die Stufen zum Einlaß hochhasten. Vier Stufen auf einmal nehmen und eine Karte kaufen. Für drei Mark. Oder zweisechzig, wenn die Gruppe aus dem Ort ist. Falls die Karten ausverkauft sind, wird er den Einlaß überreden müssen. Seine Lage erklären. Bestechen. Dann zur Garderobe. Oder gleich in den Saal. Die Musik wird schon von weitem zu hören sein. Ausschau halten, bis er ihn sieht. Bis es passiert. Zugehn auf sie, »Du Schlampe!« zu ihr sagen, ausholen, die Faust fallen lassen auf den da, ins Gesicht, daß er abkippt. Und noch einmal. Und nochmal. Und nochmal und nochmal. Fertigmachen. Oder nur ansehen. Ihn ansehen, lange, sie, nichts machen, beide ansehen. Mit Blicken zerschneiden, daß es ihnen lieber wäre, er würde schlagen. Nichts weiter. Oder doch ausholen. Mit dem Bierglas. Zustechen.

Sich von einem Algerier vorher das Messer pumpen. Erstechen, erwürgen. Monis entsetztes Gesicht dann. Die Leute ringsum. Blicke voller Ekel, voller Bewunderung. »Die Polizei«, werden sie brüllen, »holt denn keiner die Polizei!« »Hau ab«, werden sie schreien, »mach, daß du wegkommst!« Und Moni weint, flennt. Sie liebe nur ihn, habe immer nur ihn geliebt, sagt sie. Aber da wird es zu spät sein. Die Polizei kommt. Zu fünft, zu sechst werden sie den Saal betreten, denn er ist ein Mörder. Alle geben den Weg frei, und sie werden respektvoll vor ihm stehen, ihre Ausweise zeigen, sagen, daß er verhaftet sei. Und Moni will, daß er flieht. Aber er läßt sich abführen. Und sie möchte ins Gefängnis, mit ihm. Aber er verbittet sich das, will auch keinen Besuch. Verurteilt zur Reue ein Leben lang, wird er ihr sagen, wenn die Handschellen einklicken. Oder einen besseren Satz.

Peter hatte zwanzig Uhr fünfundvierzig bei Bertram angerufen. Bertram kam aus der Küche.

»Du, komm am besten sofort ins Volkshaus. Moni ist hier. Mit einem Kerl und knutscht sich laufend.«

Bertram hatte gerade einen Schraubenzieher gesucht, der für die Arbeit am Tonbandgerät geeigneter war als der große.

»Komm sofort, mehr kann ich nicht sagen.«

Er wollte es nicht glauben, konnte es nicht glauben.

Peter bestätigte es.

Bertram schwieg. Peter hängte auf.

Er holte seine Jacke und zog die Schuhe an. Er wünschte sich eine riesengroße Bombe.

Ein Betrunkener taumelt die Häuserwände entlang.

»Scheiße, alles Scheiße hier, ich will mehr Bier.«

Er singt und klopft ohne Takt.

»Kumpel, hast du mal Feuer!«

Bertram geht vorbei.

»Feuer, Kumpel, Feuer!«

Abkürzen, überlegt er und läuft über das Gelände der Baustelle.

»Feuer, endlich Feuer – oder ich stecke die ganze Gegend an!«

Noch sechs Minuten bis zum Volkshaus, vielleicht auch fünf, Bertram schaut auf die Armbanduhr.

Moni kennt er seit einem halben Jahr. Einem reichlichen. Diesen Sommer wollten sie zusammen in den Urlaub fahren. Russe Sofia Samokow Borowetz Plovdiv Gabrowo Warna. Mit der Freundin hatten sie die Route ausgetüftelt, Elvira war letztes Jahr dort gewesen. Dreißig Tage wollten sie bleiben. Für Bertram war es schwer, unbezahlten Urlaub zu bekommen. Außerdem das Geld. Richtig erholen wollten sie sich, mal was anderes sehen. Bertram machte Überstunden. Der Betrieb hatte Planschulden und zu wenig Zerspaner. Mit Kündigung mußte er drohen, um unbezahlten Urlaub zu bekommen.

Die Straße des 7. Oktober.

Warum beeil ich mich so? Ihn beunruhigt, daß er sich diese Frage nicht beantworten kann.

»Gehen wir tanzen«, fragt Bertram.

»Schon wieder tanzen«, stöhnt Moni.

Sie auf der Couch in einer Illustrierten blätternd.

»Wir könnten auch spazieren gehen.«

Sie schließt die Illustrierte.

»Keine Lust.«

»Wir können zu Robert.«

»Langweilig.«

»Micha?«

»Die Großfresse!«

Bertram findet die Frau auf der Titelseite chic.

»Ins Kino. Der im Capitol soll nicht schlecht sein.«

»Geh doch.«

»Allein will ich auch nicht.«

Seine Hand sinkt auf ihren Schoß.

»Hättest du wenigstens ein Auto.«

»Wieso das jetzt!«

Sie legt seine Hand weg.

»Man könnte mal wohin fahren.«

»Wo denn hin?«

»Ach, hör auf.«

Bertram geht zur Tür.

»Na, dann eben nicht.«

Er denkt an Peter, der sich im letzten Monat ein Motorboot gekauft hat und überlegt, ob er sich das mal pumpen könnte.

Moni hat Lust, ihn zu verprügeln, bis er vor Schmerz schreit.

Langsamer gehen, die Musik wahrnehmen, die schon zwei Straßen weiter zu hören war.

»Love like a man.«

Das Unterhemd ein lästiger Schwamm.

»Love like I am.«

Er fühlt sich schlapp.

Der scheppernde Klang der Gitarre.

Noch vierhundert Meter bis zum Volkshaus.

Bertram und Peter trafen sich bei einem Popfestival. In Scheuben bei Gera. Modern Soul sollte spielen und Lift sollte spielen und andere Gruppen auch. Peter und Bertram begegneten sich im Zug, als sie mit zweihundert Jugendlichen in den Nachbarort fuhren, weil in Scheuben keiner spielte. Sie diskutierten über Mothers of Invention, MC 5, Jefferson Aeroplane und andere Typen aus dem amerikanischen Untergrund, die kaum jemand kannte. Als sie von dem Dorf, wo die Klosterbrüder auftreten sollten, zwei Dörfer weiter wanderten, wo der Tanz auch ausfiel, beschlossen sie, am übernächsten Tag zu Hause ihre Tonbänder zu überspielen. Bertram hatte mehr Underground, Peter mehr Soul. Peter lieh Bertram eine Decke, doch in der Scheune war es auch ohne nicht kalt. Beide kannten sich schon sehr gut, als sie nach sechzehn Stunden aus derselben Zelle entlassen wurden und zurücktrampten. Mit Peter konnte Bertram über alles sprechen. Sie fuhren zusammen nach Polen und zu Konzerten. Seit einem halben Jahr arbeitete Peter in der Bezirkshauptstadt. Sie sahen sich seltener. Vor drei Wochen, beim letzten Mal, hatte Bertram seine Freundin vorgestellt. Peter fand Moni dufte. Auf dieses Urteil war er stolz gewesen.

Die nebeneinander abgestellten Motorräder.

Fünfzig Meter weiter das Volkshaus.

Bertram vor dem beleuchteten Schaukasten. Die Tageszeitung. Er überfliegt sie, zwingt sich zum Lesen.

Grenzenloser Beifall schallt über den Alexanderplatz, als sie die Bühne betreten, auf der das Jugendfernsehen seine temperamentvolle Sendung gestaltet. Zuerst Glückwünsche an Egon Krenz zu seiner Wiederwahl als I. Sekretär unseres Jugendverbandes. »Wir haben allen Grund zum Feiern«, sagt Egon Krenz, auch deshalb, weil wir als FDJ so hervorragende Ergebnisse in Auswertung des IX. Parteitages erreicht haben.

Bertram erschlägt eine Mücke auf dem rechten Arm. Die Hitze, er stöhnt.

Monikas Haar. Ihre Brust. Der Mund. Der Mund an seinem Ohr. Im Nacken. Die Haut. Das offene Haar. Neben ihr liegen. Die Berührung ihrer Lippen. Haar, das auf ihn fällt. Nichts sagen, nichts hören. Ihr Atem. Der Wind die Finger die Beine seine Hand das Atmen.

Die Pärchen am Eingang, die Treppe hinauf.

Die Karte kostet zweisechzig.

»Scheißbums«, sagt der vor dem Einlaß, »nicht mal Blues ham die drauf.«

Bertram nickt. Er geht zur Garderobe, gibt die Jacke ab.

Beim Handkantenschlag die Finger spreizen. Möglichst weit und auf den Winkel von fünfundvierzig Grad zum Halswirbel achten. Schließlich war man in der GST. Die Finger auseinander, damit sich die Schlagwirkung vergrößert. Gelernt ist gelernt.

Er geht zur Saaltür. »Kurze Pause«, nuschelt eine Stimme durch das Mikrophon.

Jemand lehnt an der Tür, vor dem Gesicht ein Literglas. Er bewegt sich nicht.

Bertram zögert und sieht sich um.

Vom Rauch und verschüttetem Bier angedickte Luft.

»Warum haust du ab«, fragt neben ihm ein Mädchen mit Locken wie Angela Davis.

»Ich geh zu Conni, die ist viel fieser als du«, sagt ein Junge mit Locken wie Jimi Hendrix.

»Ich bin auch fies.«

»Quatsch nicht.«

Bertram stellt fest, daß mindestens vierhundert Leute im überfüllten Saal sind.

»Ich kann noch viel fieser sein!«

Der Junge winkt ab und geht. Das Mädchen weint.

Bertram atmet durch und tritt in den Saal.

Diese Demse. Vielleicht ist die Belüftung ausgeschaltet, überlegt Bertram und wischt sich mit dem Taschentuch Schweiß von der Stirn.

Hoffentlich kommt kein Bekannter.

Als er das Tuch in die Hose zurückstecken will, sieht er es.

Der erste Sprung vom Dreimeterbrett.

Das Gefühl bei dem Blick nach unten.

Mit geschlossenen Augen fallen, wenn alles egal ist.

Bertram dreht sich um und geht.

An der Tür der Junge hält sein Literglas vor der Brust.

Die mit dem Lockenkopf läßt sich von einem mit Fast-Glatze streicheln.

Moni und Bertram hatten sich gut verstanden. Er wußte nicht, ob er sie liebte. Er sagte es manchmal. Bertram glaubte, es wäre besser, wenn er es ab und zu sagte. Daß er gern bei ihr bleiben würde, wußte er. In letzter Zeit gab es zwischen ihnen manchmal Spannungen, die er nicht zu ernst nahm. Er wollte kein anderes Mädchen. Vielleicht hätte er Moni geheiratet. Wenn sie darum gebeten hätte, sicher.

Dreimal auf den Tisch klopfen, bevor sich das Mädchen aus der Umarmung löst, die Jacke vom Haken holt, über den Tisch wirft, sich wieder an den Schoß des Schwarzhaarigen fallen läßt.

»Siehst du, nichts los«, der vom Einlaß grinst, »nicht mal ordentliche Käthen da.«

Die Treppen herunter. Bertram stolpert und springt die letzten vier Stufen.

In Gaschwitz ist Tanz. Oder nach Hause. Sich eine hochziehen. Betrinken. Eine, die sofort mitgeht. Mit allem hätte er gerechnet, aber damit. Einen ansaufen. Warum hat er nichts gemacht. Nach Hause. Sich abreagieren. Am Montag nicht zur Arbeit. Er könnte ihn umbringen. Überhaupt nie mehr zur Arbeit. Nach Hause nicht. Beide zusammenschlagen. War er zu feige? Die nächste Kneipe. Oder der Bus. Irgendwas mußte er machen.

Auf dem anderen Bürgersteig kurze blonde Haare mit Rock.

Bertram mustert die Beine.

Drei Soldaten, die hinterher pfeifen. Sie dreht sich nicht um.

Die Soldaten fangen an zu singen. »EK, EK, EK – bald sind wir wieder da. Es sind ja nur noch Stunden, dann sind wir schon verschwunden.« Einer trägt immer die neue Strophe vor, die anderen fallen in den Kehrreim ein.

Bertram wechselt den Bürgersteig.

Das Mädchen dreißig Meter vor ihm, eine Junge zwanzig Meter. Kurz danach ein Ehepaar.

Bertram spürt, daß er Monika haßt. Er geht schneller.

Und holt das Ehepaar ein. Die Beine der Blonden noch fünfzehn Meter entfernt.

Zehn Meter. Der Junge spricht das Mädchen an.

Sie lacht. Er greift nach ihrer Hand.

Bertram biegt die nächste Querstraße ab. Er braucht Luft und rennt.

Mit Moni in Weimar. Im Kasseturm tanzen, ganz eng. Moni lesend auf dem Bett. Singend im Bad. Nackt, das Fenster öffnend. Hand in Hand im Wald. Moni, die russische Vokabeln buchstabiert. Weint, weil das Essen angebrannt ist. Ihn englische Sätze abfragt. Die auf die Schule flucht. Auf die Eltern. Wie sie eine Schnute zieht. Eine Tasse fallen läßt. Sich auszieht. Ihn streichelt. Vorwürfe macht. Moni träumend. In eine leere Tasse starrt. Mit hastigen Bewegungen schwimmt. Wie sie über ein Feld rennt. Stöhnt. Gähnt. Moni und Peter.

Er steht an der Haltestelle, hat keine Lust mehr, nach Gaschwitz zu fahren. Er hat zu nichts Lust.

Zwei Mädchen neben ihm flüstern miteinander, kichern.

Warum hat Peter angerufen, überlegt Bertram. Verräter. Gesehen haben sie ihn wenigstens nicht. Vergessen, sie, ihn, so schnell und gründlich wie möglich.

»Also tschüß, Carola!«, ein Mädchen geht, als der Bus kommt, winkt der Freundin noch einmal zu. Die steigt ein.

Bertram auch.

»Was ist denn?«, fragt Moni.

»Ich weiß nicht«, sagt Peter.

»Du hast doch was.«

»Schließlich war er mein Freund.«

»Komm, wir trinken noch einen Schoppen«, Moni lächelt.

»Irgendwie Mist«, Peter schüttelt den Kopf.

»Siehst doch, er kommt nicht einmal.«

»Trotzdem.«

»Vergiß es«, ihr Haar fällt in sein Haar.

Sie stehen hinten. Carola will zu ihren Eltern, die Besuch von drüben haben. Der Bus schaukelt. Bertram versucht, sich so festzuhalten, daß sein Arm ihre Schultern berührt.

»Wenn du magst, bring ich dich nach Hause.«

»Nicht nötig«, sie blickt ihn beim Sprechen nicht an.

Er stellt fest, daß sie ihm nicht gefällt und sagt: »Mach ich gern, wirklich.«

»Danke, ich gehe allein«, sie betrachtet die Straße.

Moni und Peter, denkt Bertram und legt den Arm auf Carolas Schulter.

Sie tritt einen Schritt zur Seite: »Laß das!«

»Sorry«, er lächelt und könnte heulen. Zum Glück hält der Bus, er steigt aus.

Vor vier Tagen haben sie noch zusammen geschlafen.

Vor drei Tagen gemeinsam Kaffee getrunken.

Die beiden letzten Tage machte er Überstunden.

Gestern verabredeten sie sich am Telefon für morgen.

Der Weg zurück in die Stadt.

Bertram hatte Lust, eine Fensterscheibe einzuschlagen. Zu schreien. Sie zu verdreschen. Oder den erstbesten, der ihm dumm kam. Umfallen und auf der Stelle einschlafen.

Rechts die Jugendmode. Übermorgen wegen der Hose, denkt Bertram, gleich früh hin, da kriegen sie Ware.

Es wird und wird nicht kühler. Er will nach Hause.

In sein Zimmer und das Tonband an. Hendrix. Das große Band mit voller Lautstärke. House burning down. Den Lautsprecher aufdrehn. Bis es nicht mehr geht. Machine gun. Nichts mehr spüren. Sich vollaufen lassen. Es einsaugen. Power of love. Mitschreien. Burning of the midnight land. Aufdrehn, bis er platzt.

Bertram verzögert den Schritt. Die Bahn, die halb elf fährt, wird er bequem schaffen.

Vielleicht besucht er morgen einmal Elvira. Monis Freundin, ihre beste. Heute dürfte es dafür zu spät sein. Daß sie ihn sympathisch findet, weiß er. Von Moni. Einladen sollte er sie: Kino, Spaziergang. Elvira hat zur Zeit keinen Freund und ist ziemlich scharf.

Eine Touristengruppe auf dem Weg zum Hotel. Der Dolmetscher gestikuliert eifrig.

Italiener, vermutet Bertram. Er fühlt sich müde. Die Bahn steht noch nicht an der Haltestelle. Die Touristen verschwinden nacheinander im Hoteleingang. Die können mich alle mal.

5

Er fährt Auto und wird von der Polizei angehalten. Der Schreck, als ihm einfällt, daß er nicht fahren darf. Er will ein Geständnis ablegen, weiß aber nicht, was er zugeben soll, als ihm ein Röhrchen in die Hand gedrückt wird. Bertram steht auf der Straße und merkt, daß der Schlauch im Bauch seines Meisters endet. Er bläst. »Früher hätte es das nicht gegeben,« sagt der Meister, während sein Bauch anschwillt. Bertram spürt Lust, ihn zum Platzen zu bringen, fürchtet sich aber, ihn platzen zu lassen. Der Meister wird größer und schreit den Sprechchor seiner Fußballmannschaft; zunehmend leiser, da der Kopf immer weiter nach oben gerückt wird. Bertram hört auf zu blasen und versucht, das Gesicht des Mannes zu erkennen, der sein Auto wegfährt. Auf einmal steht eine Pioniergruppe da und erinnert an den geplanten Ausflug. Gemeinsam beginnen sie, den Berg vor ihnen zu besteigen. Bertram hört sich erklären, daß dies sein Meister sei und man Obacht geben solle, nicht in den Augen herumzutrampeln oder in den Mund zu fallen. Ein Pionier fragt, ob sie ein wenig Fleisch für das Naturkundemuseum herausschneiden dürften. Bertram sieht sich nicken und wundert sich, warum der Boden mit Erde bedeckt ist. Die Schüler stecken Wimpelketten zwischen die Sträucher, er verteilt rote Halstücher.

Er wacht auf und reibt sich die Augen. Er hält das Gesicht unter den Wasserhahn – es wird nicht naß. Er merkt, daß er vor seiner Maschine steht und die Augen reibt. »Früh dreht sich, was ein Schräubchen wird«, spricht der neue Ingenieur und fährt auf Rollschuhen durch die Halle. Bertram sucht den Knopf zum Einschalten der Maschine. Aus dem Lautsprecher ruft jemand seinen Namen und fordert ihn auf, sofort die allmorgendliche Milch zu trinken. Er will den Drehmeißel auswechseln und ein neues Werkstück einspannen, doch seine Hände greifen ständig daneben. Alles wirkt verschwommen, er blinzelt, reibt die Augen, es hilft nichts. Plötzlich weiß er, daß er alles nur träumt und stürzt sich in die Maschine. Er liegt auf dem Tisch des Versammlungsraumes, der Abteilungsleiter beugt sich über sein Gesicht und fragt, warum die Stirn so feucht sei. Bertram möchte ihn wegstoßen und boxt ins Leere. »Das haben wir gleich«, der Abteilungsleiter nickt, balanciert einen Brieföffner auf dem rechten Zeigefinger und Bertram spürt die Angst, nie mehr aufzuwachen.

6

An jeder Bude hängt eine Fahne, die seit sieben Tagen dort hängt und noch sechs Tage da hängen wird. Feiertag war.

Bertram fährt zum vierten Mal mit dem Autoscooter und versucht, möglichst viele Wagen zu rammen.

Er nimmt drei Lose aus dem braunen Kasten und wirft zwölf Bälle auf sechs Blechbüchsen. Eine gewonnene Trompete schenkt er dem Kind vor dem Riesenrad.

Er stellt sich am Eisstand an und tritt aus der zu langen Schlange.

Er fährt zweimal Walzerbahn, dreimal in der Spinne und hofft einen Moment, daß ihm schlecht wird.

Den Schießbudenbesitzer fragt er, warum man nicht auf ihn zielen dürfe.

Er lacht in der Gespensterbahn, langweilt sich im Lachkabinett und mustert alleingehende Mädchen.

»Mach den Mund weiter auf.«

»Wie denn?«

»Die Zähne mehr auseinander und die Zunge nicht so weit vor.«

Sie küssen sich.

»So?«

»Besser. Nur die Zunge noch ruhiger.«

»Du hältst mich sicher für sehr grün.«

»Ach was.«

Sie küssen sich wieder.

Bertram läuft neben ihr. Sieht wie sechzehn aus und ist erst dreizehn. Wie konnte er sich so verschätzen. Er überlegt, worüber sie reden könnten, schließlich war es sein Vorschlag gewesen, sie nach Hause zu bringen.

Erst fällt ihm nichts ein, dann will er nicht mehr, daß ihm etwas einfällt.

»Du mußt verstehen, ich kann nicht so einfach, gleich beim ersten Mal«. Sie sieht auf den Weg, der an der Brauerei vorbeiführt.

Ab und zu fehlt ein Pflasterstein im Straßenbelag.

»Klar«, sagt Bertram und hofft, daß er sie bald los wird.

Er betritt den Tanzsaal. Fred entdeckt ihn, johlt, spreizt

Zeige- und Mittelfinger in Kopfhöhe, verfehlt zweimal die Schulter seines Freundes, auf die er seinen Arm legen will.

Der Ober bringt zwei Schnäpse und bekommt eine Zigarette in den Mund gesteckt. Das Klirren der Gläser beim Anstoßen. Bertram beobachtet zwei Mädchen, die sich beim Tanzen küssen.

Ob er auch das Angebot weiblicher Körper prüfe, Fred lacht, hält ein vorbeigehendes Mädchen am Arm fest und fragt, ob sie mal zusammen rausgehen wollen, Luft schnappen und so.

Sie sagt, daß er den Arm sofort loslassen soll.

Sie brauche sich nicht so zu haben, Fred streichelt ihr Haar, bis er den Schlag ihrer Hand in seinem Gesicht spürt.

Ohnehin würde er nicht rumhopsen wie ein dummer Schuljunge, meint Fred und zerrt Bertram mit zum Stammtisch.

Dort Bekannte Gläser Flaschen Kippen. Einer führt gerade vor, wie man ein Glas in der Hand zerdrücken kann.

Als sich Bertram setzt, stößt er eine Flasche von der Tischplatte und entschuldigt sich.

Fred lacht und schmeißt drei Flaschen hinterher.

»Los, Stimmung machen«, schreit einer, »Bier her, Bier her, oder ich fall um.«

»Eine neue Runde, dalli, dalli.«

Mehrere Finger schnippen gleichzeitig.

Wie eifrige Schüler, die eine Antwort nicht für sich behalten können, denkt Bertram und sieht sich um. Kaum ein Mädchen über fünfzehn, sechszehn.

Fred stimmt ein neues Lied an. »Jupp heidi, jupp heida, Schnaps ist gut für Cholera.«

Bertram tippt auf ihre linke Schulter: »Wollen wir?«
Ein Kopfnicken als Antwort.
Während sie auf das Parkett gehen, nimmt er ihre Hand.
Der übliche Rhythmus.

Er tritt einen Jungen, der ihn zweimal mit dem Ellbogen gestoßen hat.

»Nicht schlecht die Gruppe«, sagt Bertram.

Sie zuckt mit der Schulter, deutet auf ihr Ohr.

»Nicht schlecht, die Musik,« schreit er.

Sie nickt und brüllt: »Ja, ganz gut die Gruppe.«

Beim nächsten Titel zieht er sie näher heran. When a man loves a woman.

Dann ist Pause.

»Ziemlich stickig hier, wollen wir kurz rausgehen?«

»Von mir aus, aber in einer halben Stunde holt mich mein Freund ab.«

»Wart mal, bin gleich wieder da«, Bertram geht aus dem Saal, an den Toiletten vorbei, am Einlaß, ohne sich eine Pausenkarte geben zu lassen.

Eine der dunklen Straßen der Stadt. Die Frau vor ihm dreht sich oft um und beginnt, schneller zu laufen.

Bertram glaubt, daß sie Angst hat, außer ihnen ist keiner zu sehen. Er wechselt die Straßenseite und bemerkt schon die Kneipe.

Als er die Tür hinter sich schließt, nickt er dem Wirt zu.

»Kaum jemand da, im Fernsehen läuft der Krimi«, die Frau des Wirtes stellt ein Bier auf den Tisch.

Jemand mit Nickelbrille setzt sich neben Bertram und sagt, daß er Student sei. Chemie. Heute müsse er einen heben, er habe an seiner Diplomarbeit gearbeitet, Untersuchungen an einem speziellen Gerät im größten Betrieb der Stadt. Dann war er drei Wochen krank und als er zurückkam, hatte der Betrieb das Gerät verkauft. Sie brauchten es nicht mehr. Er seufzt.

Ein Student könne eben nichts machen, da sei man abhängig, aber darum beneide er ihn. Denn auf die Arbeiterklasse kommt es an.

Bertram zuckt mit den Schultern und bestellt eine Wurst.

Der Meister sieht auf die Uhr. Punkt sieben.

Bertram grüßt laut und geht zur Drehbank.

Helmut arbeitet schon, um wieder die Norm überzuerfüllen. Der neue Wagen.

Zwei Meter weiter sitzt Henry vor seiner Maschine und erzählt den dritten Witz des Tages. Eva lacht.

»Na, hast du noch eine erwischt?« Fred läßt sich auf den Hocker fallen. »Fix und fertig bin ich, ich sag dir bloß, wollte mich doch eine, so eine dicke...«, Fred wird vom Meister gerufen.

Bertram gähnt während des Einspannens. An seiner Serie hat er noch bis Mittag zu tun.

Eva kommt und sucht etwas im Regal. »Wie war das Wochenende?«

»Na ja«, sagt Bertram, bevor Eva sich mit der Ölkanne zu ihrem Platz begibt.

Er überprüft die eingestellte Drehzahl und muß an den Studenten denken. Was der alles erzählt hat. Dieses Gedicht zum Beispiel, von der Dreherin, die glaubt, ihr Kopf sei ein Zahnrad, sie eine Uhr.

Fred kommt und sagt, daß er erst einmal austreten geht.

Bertram muß gähnen. Ob so etwas überhaupt ein Gedicht ist. Er schüttelt den Kopf und schaltet die Maschine ein.

Wie anfangen

1
Der nächste Technologe aus der Planung spricht. Es ist heiß im Raum. Alfred Stadler sieht auf seine Armbanduhr. Die Sitzung müßte bald zu Ende sein. Diese trockene Luft. Seit zwei Stunden geht es um eine in den nächsten Wochen in der Vorfertigung zur Anwendung kommende Rationalisierungsmaßnahme, die effektivere Ausnutzung der Maschinen betreffend. Vorgeschlagen von einer Brigade, die als das Schrittmacherkollektiv im ganzen Betrieb gilt. Sagt der Technologe. Seine Zahlen klingen eindrucksvoll und bestätigen das Vorhaben des Bereichsleiters. Das Projekt war nun endgültig konzipiert worden, in bestimmten Details ergaben sich Veränderungen gegenüber dem ursprünglichen Vorschlag. »Der Verwirklichung steht nichts mehr im Weg«, das Nicken des Technologen.

Prognosen, denkt Alfred Stadler, und beginnt, mit dem Daumennagel der rechten Hand die Fingernägel der linken zu säubern. Vermutungen, die auf Vermutungen beruhten. Es braucht nur noch zugestimmt werden. Sein Kopf schmerzt ein wenig, gern würde er jetzt spazieren gehen. Einfach den Raum verlassen, die Tür hinter sich zuknallen. Diese Perspektiven. Und der lästige Rauch im Zimmer. Der Nachbar zur Rechten zeichnet Strichmännchen. Je ferner der Zeitpunkt, desto erfreulicher die zu erwartende Bilanz. Pärchen, daumengroß, mit überproportionierten Geschlechtsteilen. Als der Nachbar Stadlers Blick bemerkt, schiebt er das Blatt unter den Schnellhefter, öffnet ein Notizbuch, und beginnt, in diesem zu blättern.

Alfred Stadler mustert die kleine Hautverdickung auf dem rechten Zeigefinger, bei der es sich um eine im Entstehen befindliche Warze handeln kann. Einer müßte es sagen. Daß dies hier nicht ging, besser: wahrscheinlich schlecht gehen würde. Bestimmte Faktoren bei der Berechnung des ökonomischen Nutzens ließ man weitgehend unter den Tisch fallen; zum Beispiel die Abhängigkeit von einem Zulieferbetrieb, der für die Nichteinhaltung von Lieferterminen republikbekannt ist.

Der Technologe hat zu sprechen aufgehört und zündet sich gerade eine Zigarette an.

Ein Vertreter der BGL hebt die Hand und referiert über Arbeitsschutzprobleme bei dem neuen Verfahren. Er redet schnell und hat zu jedem Problem eine Lösung parat. Bis auf zwei Abteilungsleiter macht sich keiner Notizen.

Alfred Stadler juckt es im Nacken. Er bewegt den Kopf hin und her, um den Juckreiz zu unterdrücken. Man müßte die genauen Zahlen kennen, den nötigen Einblick haben. Aber was regte er sich auf, zu verantworten hat er es nicht. Ihm gegenüber sitzt der Ingenieur und blickt auf die Tischdecke, scheinbar gleichgültig: Vor sieben Tagen hatte der gegen die Maßnahme argumentiert, Zahlen vorgelegt, ein paar nur, Berechnungen aus seiner Abteilung. Demnach würde das neue Verfahren zu einer geringen Erhöhung der Arbeitsproduktivität gegenüber einer wesentlichen Kostensteigerung führen. Vor allem die Ausschußquote sei zu niedrig angesetzt. Die Augen des Ingenieurs kann Alfred Stadler hinter dessen dunkler Brille nicht erkennen. Die Konspekte sollte man nehmen und ihnen in den Mund stopfen, überlegt er. Oder unsichtbar sein, die Zahlen korrigieren, zumindest kommentieren. Er hält sich die Hand vor den Mund, damit keiner sein Lächeln bemerkt. Sicher könnte er etwas sagen, keiner würde ihm den Kopf abreißen. Die Bedenken würden einfach vom Tisch komplimentiert werden, mit neuen Zahlen und ein paar zuversichtlichen Gesten. Wie bei dem Ingenieur. Und wußte er es überhaupt genau – vielleicht klappte alles besser als vermutet.

Der Bereichsleiter dankt dem Mitglied der Gewerkschaftsleitung und fragt, ob es noch Fragen gäbe. Er sieht in die Runde, ein Abteilungsleiter deutet ein Kopfschütteln an, da keiner sonst seinen Blick erwidert, zieht er das Fazit der Diskussion. Nochmals Zahlen, Fakten. Die meisten haben schon ihre Kugelschreiber weggelegt und lehnen sich zurück.

Jetzt juckt es Alfred Stadler unterhalb des Schulterblattes; eine Stelle, die mit der Hand schwer zu erreichen ist. Er reibt mit dem Rücken am Stuhl, und denkt an seine Flasche Cola im Kühlschrank, dazu Eiswürfel, an das Gefühl nach dem ersten Schluck, während man die Augen schließt, um das Prickeln im Hals zu genießen. Wer sich jetzt zu Wort meldete, würde für die anderen diese Angelegenheit unnötig in die Länge ziehen. Das Gesicht des Bereichsleiters ist blaß. Zwei, drei Überstunden in der Regel, täglich, der Fahrer sagte es. Dies erwartet der neu eingesetzte Generaldirektor von jedem leitenden Kader; wegen nicht erfüllter Exportverpflichtungen vor allem. Vielleicht braucht er das neue Verfahren zum Beweis seiner Eigeninitiative, zur Erfüllung des Plans für Neuererwesen. Wer weiß, wer hier gegen wen, ihm kann das egal sein.

Alfred Stadler blickt auf und merkt, daß ringsum die Hefter weggesteckt, die Taschen geschlossen werden. Für die allseitige Zustimmung bedankt sich der Bereichsleiter bevor er aufsteht und seinen Stuhl an den Tisch heranrückt.

2

Er sitzt am Fenster und löffelt den Vanillepudding mit Himbeersoße. Draußen spicken zwei Jungen ihre Messer in einen Baum. Ein Passant tritt hinzu und scheint zu schimpfen.

Alfred Stadler schnippt etwas Pudding vom rechten Hosenbein unter den Tisch. Der Rinderbraten hat nicht geschmeckt, er sollte sich doch Diät verschreiben lassen. Noch ein paar Routinesachen heute – und am Abend der Aufsatz, in drei Tagen soll der abgegeben sein. Und vorher muß ihn Monika noch ins Heft übertragen. »Wie verhalte ich mich, wenn ich eine Tarnkappe finden würde?«

Das Schälchen mit dem Pudding ist leer. Alfred Stadler steht auf, stellt den Plastenapf auf den Teller und bringt beides zum Abwasch. Dann spült er sein Besteck ab und denkt an den unvermeidbaren Hausaufsatz. Warum sie das schwierigste der drei Wahlthemen nehmen mußte, das über die Oktoberrevolution oder den persönlichen Beitrag zur Landesverteidigung wäre einfacher gewesen.

Am Buffet warten schon Leute, er zählt die Schlange, zehn Personen, und stellt sich an. Den Aufsatz versprach er auf Drängen seiner Frau zu schreiben. Moni gibt sich da zu wenig Mühe, ihr fehlt ein gesunder Ehrgeiz. Manchmal sieht es so aus, als wären ihr Noten egal. Er sprach mit seiner Frau des öfteren darüber. Das gäbe sich spätestens, wenn es um die besten Studienplätze geht, meint sie. Aber erst muß Moni überhaupt auf die Oberschule kommen, im Leistungsdurchschnitt liegt sie mit drei anderen gleichauf, und Oberschulplätze stehen zwei zur Verfügung. Seine Frau hilft in den Naturwissenschaften, er kümmert sich um Geschichte, Staatsbürgerkunde, Grammatik und die Aufsätze.

Außer der Bockwurst bestellt Alfred Stadler noch einen Kaffee. Er zählt das Geld auf die Glasplatte und muß warten, bis die Kaffeemaschine nachgefüllt ist. Die Verkäuferin entschuldigt sich, das Wasser war einen Moment weg. Alfred Stadler beobachtet die wachsende Zahl der hinter ihm stehenden Leute. Mit seiner Tochter war es nicht leicht, derzeit will sie Kindergärtnerin werden, vor zwei Monaten noch Schauspielerin. Sie hat nur Schlager und Blumen im Kopf, vielleicht auch Jungs, doch darüber sprechen sie nicht.

Die Verkäuferin schiebt ihm das Bestellte über die Tischplatte. Auf dem Weg zu seinem Tisch schwappt Kaffee über den Tassenrand, und Alfred Stadler gießt, nachdem er sich gesetzt hat, den Inhalt der Untertasse in die Kaffeetasse zurück. Was kann man über Tarnkappen schreiben. Monis Meinung: Was für Spaß es macht, überall eintreten zu können, ohne gesehen zu werden. Bei der Frage, warum sie dann den Aufsatz nicht selber verfaßte, winkte sie ab. Ihre Antwort: Sie würde zwar gern eine Tarnkappe haben, aber nicht darüber schreiben.

Die Bockwurst schmeckt. Ein Blick auf die Uhr am Speisesaaleingang erinnert an das Ende der Pause. Noch zehn Minuten. Alfred Stadler schiebt die halbvolle Tasse weg, der Kaffee riecht nach Seifenwasser. Ob der Bereichsleiter heute noch zur Kontrolle seiner Unterlagen kam? Irgendwann wollte er ja, in nächster Zeit, wie er ausrichten ließ. Warum kein Abteilungsleiter etwas sagt, die haben doch den besten Einblick. Er schiebt das letzte Stück Bockwurst in den Mund und wischt sich die Hände am Taschentuch ab. Sicher denkt mancher an die Nachfolge des Bereichsleiters, der in die Kombinatsleitung berufen wird. Sein Vorschlag stehe noch aus, heißt es. Alfred Stadler stutzt und hört auf das Gespräch zweier ihm gegenübersitzender Männer. »Es hat sich ein deutliches Nachlassen des Kollektivgeistes gezeigt«, sagt der eine. Der zweite nickt: »Zu viel Individualismus, besonders in den vorderen Reihen.«

Nach wenigen Sätzen merkt Alfred Stadler, daß es um das gestrige Fußballpokalspiel geht. Er grüßt eine Kollegin und spielt mit dem Gedanken, sich eine Fruchtmilch zu kaufen und mit in sein Zimmer zu nehmen.

3

Die Frau bereitet in der Küche das Abendbrot zu. Er sitzt über dem Aufsatz. Moni ist bei der Freundin wegen eines neuen Kleides, für das sie gestern den schon lange gesuchten Stoff gekauft hatte.

Die gefundene Tarnkappe wird bei einem Zirkel Junger Naturforscher abgegeben und dort gemeinsam erprobt. Die Ergebnisse werden auf der Messe der Meister von Morgen ausgestellt. Zuerst im Kreis-, dann im Bezirks-, schließlich sogar im Republikmaßstab. Der Zirkel wird sozialistisches Kollektiv und durch die Presse bekannt gemacht. Er erhält den Ehrentitel »Juri Gagarin«. Gemeinsam mit sowjetischen Freunden und Wissenschaftlern forscht die Universität an volkswirtschaftlichen Nutzungsmöglichkeiten der Tarnkappe.

So weit war er und stockte bei der volkswirtschaftlichen Nutzung. Was denn für Möglichkeiten. Von sechs Birnen der Lampe im Zimmer brannten fünf, obwohl erst vor vier Tagen die letzte defekte ausgewechselt wurde. Vielleicht verzichtete er auf die Nutzung und ließ die Tarnkappe als Relikt für überlebte Gesellschaftsordnung im Museum ausstellen. Von der Tochter wußte er, daß die Lehrerin auf verallgemeinernde Aussagen einen gewissen Wert legte. So etwas fällt Moni schwer, sie hatte eine ihm unverständliche Scheu vor politischen Äußerungen.

Alfred Stadler legt den Kugelschreiber beiseite, da die Mine nicht mehr schreibt. Er nimmt einen Filzstift aus dem braunen Lederetui, das er von seiner Tochter zum Geburtstag bekam.

»Ursprünglich diente die Tarnkappe zum Schutz der Schwächeren vor den Stärkeren. Den Machtlosen war sie eine Hilfe im Kampf gegen die Macht und den Machtmißbrauch. Das ist im Sozialismus unnötig, da alle Werktätigen gemeinsam die Macht haben und sich nur vor dem gemeinsamen Klassenfeind schützen müssen. Die Tarnkappe bleibt ein Zeugnis jener Zeit, wo Menschen es nötig hatten, sich oder ihre Ansichten zu verstecken. Für uns ein Anachronismus, da nicht nur jeder offen und ehrlich seine Meinung sagen kann, sondern diese sogar sagen soll.«

Alfred Stadler überliest die Zeilen und streicht »Anachronismus«. Er nimmt sich vor, künftig auf das Vermeiden von in der achten Klasse ungebräuchlichen Fremdworten zu achten.

Der Auszug

Er weigert sich, das alte Service mitzunehmen, alles Reden der Frau bleibt erfolglos, er steht neben dem Container und wirft es Stück um Stück in den Blechkasten.

Die Frau, die nicht seine Frau ist, geht in die Wohnung. Hätte er sie zwei Wochen vorher kennengelernt, wäre das Haus nicht verkauft worden. Ein Siedlungshaus, zur Stiftung des stadtgrößten Betriebes gehörend, in den dreißiger Jahren gebaut. Mit seinen Händen, wie er gelegentlich feststellt, ohne danach gefragt worden zu sein. Verkauft ist verkauft, an den Betrieb, der jetzt ein VEB vor dem Namen hat. Wollte eben nicht allein sein, nachdem die Frau gestorben war. Auch wenn die Leute lästern. Auch wenn es natürlich lachhaft ist, das Ding für zehntausend abzugeben – doch so ist der Taxwert und der Betrieb hat das Vorkaufsrecht. Wo eine Vorschrift gilt, wächst die Versuchung, sie zu umgehen; auch er erfuhr andere Zahlen, selbstverständlich Geschenke, die mit dem Kauf in keiner Beziehung stehen. Allein die Garage handelte man für zehntausend. Die Abwicklung solcher Geschäfte kennen jene, die sich dazu nicht äußern. Mit so was will er nichts zu tun haben.

Die Frau, die seit vier Wochen als Haushälterin bei ihm lebt, tritt aus der Tür. Sie fragt, ob der Möbelwagen immer noch nicht da ist.

»Laß nur, kommt schon. Erst einen Kaffee.«

Hätte er sie früher getroffen, würden sie nicht zu seinem Sohn ziehen. In die Gegend bei S., wälderlos, Braunkohletagebau, ohne Berge. Aber Menschen, die neue Schwiegertochter, ein Enkel, der noch nicht »Opa« sagen kann. Darauf freut er sich. Auch wenn alle meinen, er sei zu alt für einen Klimawechsel. Könne sich nicht mehr eingewöhnen, würde den schönen Garten vermissen. Sollen sie sich den Mund fusselig reden, er hat nie mit »Heil Hitler« gegrüßt. Er versteckte keine Westantenne. Alle hat er abblitzen lassen, die ihm weismachen wollten, was zu tun gut für ihn wäre.

»Ihn muß der Teufel geritten haben«, sagt Oma Leufel, die am gegenüberliegenden Küchenfenster steht und sieht, wie Nachbar Kröger Haushaltsgegenstände in den Container wirft. Da, eine Kanne.

»Reitet der Teufel gern?« fragt das Mädchen neben ihr.

»Nein, nein, nein. Und das mit siebzig.« Die Oma vergißt ganz das Strickzeug. »Muß bald voll sein, der Container.«

»Kaffee ist fertig!« ruft die Haushälterin, zwanzig Jahre jünger als er. Und vor drei Wochen stand auch der Krankenwagen an der Tür. Kann ja nicht gutgehen: Plötzlich eine Frau, die sicher nicht bloß ins Bett geht, um einen Roman zu lesen. Munkelten die Leute. Halb so schlimm, erklärte Kröger zwei Tage darauf den anteilnehmenden Nachbarn, zwar noch hinkend, jedoch mit gewohntem Mundwerk. »Hab zwei Kriege überlebt, was sind da zwei Tage Krankenhaus!« Nach dem Schlaganfall schloß man Wetten, ob der Möbelwagen wirklich kommt. Für ihn war die Sache klar, klein beigeben gab es nicht. Er weigerte sich damals, bei den Nazis einzutreten und riskierte seine Hausmeisterstellung, er hängte auf Arbeit kein Stalinbild an jenen Platz, an den es gehört hätte.

»Die letzten Tage nicht einfach verdösen, solange man lebt, soll der Mensch unterwegs sein«, erklärte er Oma Leufel, die ganz vergißt, daß sie nicht mehr lange stehen kann, ohne die Krampfadern zu spüren. Sie sagt: »Die Alteingesessenen sterben weg!«

»Du lebst noch lange.« Die Enkelin zieht den Mund nach vorn, so bekommt das Gesicht einen bedeutsam wirkenden Ausdruck. Wie ihn Opa hat, wenn er für einen Moment das

Rauchen am Fenster unterbricht und die Wolken betrachtet.

Eine Familie würde jetzt einziehen, Schichtarbeiter, die Jahre vorher kamen vorwiegend Ingenieure in frei werdende Häuser. Seit dem neuen Direktor, der den Betrieb aus den roten Zahlen dirigieren soll, werden sie vorzugsweise an Arbeiter vergeben. »Wenn das kein Fortschritt ist«, sagte sie zum Nachbarn. »Klar, mehr schuften, besser schlafen«, frozzelte er. Mit ihm war manchmal nicht ernsthaft zu reden. Daß er die Wohnung fast verschenken mußte, fand sie nicht gerecht. »Alles wegen der Stiftung«, spricht Oma Leufel und seufzt.

»Ich verstehe«, meint Katrin und stellt sich eine Reihe aus Bleistiften vor, die Papier beschreiben. Die Bleistifte sind wie Glühbirnen in den Lampen befestigt, Fassung hat dieselben Endbuchstaben wie Stiftung. Da entdeckt sie plötzlich ein großes Auto.

»Der Möbelwagen«, stellt die Oma fest.

Und die Haushälterin, die wegen der schönen Witwenrente nicht wieder heiraten will, sieht ihn auch, trinkt die Tasse schnell leer, bevor sie das Gartentor öffnet.

»Muß wissen, auf was er sich einläßt«, erklärt die Frau von schräg gegenüber ihrem Mann und verbietet jegliche Hilfe. »Fremde ranholen, die die Apfelbäume plündern – statt es der Nachbarschaft zu geben!«

Doch zwei andere aus der Straße packen mit an. Zu viert bugsieren sie den Wohnzimmerschrank ins Auto.

»Riesenvieh«, knurrt der Fahrer alle zehn Schritte, um darauf hinzuweisen, daß das Tragen von Gegenständen eigentlich nicht zu seinem Aufgabengebiet gehört.

»Hau ruck!« ruft der Nachbar Kröger, und sie wuchten den Schrank auf die Ladefläche.

»Er hinkt gar nicht mehr«, bemerkt Oma Leufel verwundert.

»Stimmt es, daß bald der nächste Schlaganfall kommt?«

»Wer sagt denn das?«

»Mutti.«

»So, so. Soll aufpassen, daß sie nicht eine ihrer Kopfschmerztabletten in die falsche Kehle kriegt.« Die Oma legt sich ein Kissen auf das Fensterbrett, weil es langsam unbequem wird für die Arme. Doch dann fällt ihr das Essen ein, und sie verläßt den Beobachtungsposten.

Die Enkelin langweilt sich schon. Immer dasselbe, ständig werden Möbelstücke aus dem Haus getragen. Auf den Wagen geschoben. Die Frau bringt alle kleinen Sachen, Kästchen. Taschen. Tischlampen. Irgendwann ruft sie »Mittag!«

»Halt die Ohren steif«, verabschiedet sich der eine Mann, in jeder Hand einen Stuhl.

»Laß dich wie versprochen nächste Woche sehen«, sagt der andere und transportiert eine Truhe ab.

Kröger gibt beiden die Hand und geht mit dem Fahrer in die Küche. Zwei Schnitzel für jeden, paniert, dazu Gurkensalat. Die Gurken am Vorabend geschnitten, die drei letzten aus dem Garten.

Auch sonst wird in der Straße gegessen. Samstag, die Familien sitzen beisammen und sprechen über dies und das. Auch den Umzug. Man hat ihm gesagt, was man darüber denkt: andeutungsweise, schließlich will sich keiner in fremde Angelegenheiten mischen. Die Mütter erzählen, daß er vierzig Jahre hier wohnte. Neununddreißigeinhalb mit seiner Frau, die starb, weil sie die Scheidung des Sohnes nicht verwinden konnte. Sie hing an Enkelin und Schwiegertochter, besuchte beide nach der Trennung und weigerte sich, an der neuen Hochzeit ihres Sohnes teilzunehmen. Herr Kröger fuhr hin, seine Frau bekam den ersten Schlaganfall. Weihnachten der nächste, ihr Sohn besuchte sie nicht, weil sie ja der Hochzeit ferngeblieben war. Das hat sie zugrunde gerichtet. Sie starb am zweiten Tag des neuen Jahres. An dieser Stelle beenden die Mütter das Erzählen, ein Abschluß mit eindeutigen Schuldverhältnissen ist erreicht: jeder weiß, wer angeklagt sein soll. Obwohl er ein netter junger Mann war, solange er in der Siedlung lebte. Trotzdem ein Luftikus. Wie sein Vater, der sehr schnell gegessen haben muß, da er schon wieder Sachen auf den Wagen verlädt. Platz ist genügend, außerdem weiß der Fahrer, wie Hausrat eingeschichtet wird.

Der Nachbar beugt sich wieder über den Container und seine Lebensgefährtin sucht zu verhindern, daß er nochmals Tassen und Teller zerschlägt. Vergeblich. »Keine soll unbeschädigt bleiben«, spricht er und ihr fehlt die Zeit, deshalb zu streiten.

Die Frau von schräg gegenüber bereut nun, dem Mann jegliche Hilfe untersagt zu haben. »Echter Jugendstil, keine Frage«, behauptet sie und reicht ihrem Mann das Fernglas.

Der kann gar nichts feststellen, widerspricht aber, höflich wie er ist, denn seine Frau liebt den Meinungsstreit.

»Die Neuen sind da!« erfährt Oma Leufel von Katrin, »Mit zwei Mädchen!«

Oma tritt wieder ans Fenster und sieht, wie sich neuer und alter Hauseigentümer begrüßen. Sie staunt, daß ihr keine Tränen kommen. Der Neue wirkt schmächtig, die Frau stattlicher, richtig kann sie die beiden nicht erkennen, man braucht eben doch eine neue Brille. Werden froh sein, aus dem Neubausilo rauszukommen, denkt Oma Leufel und beobachtet den Nachbarn, der mit seiner Fastfrau in das Auto einsteigt. Es fährt ab. Ohne Zeremonie oder Verabschiedung, Kröger will noch einmal zurückkommen, Formalitäten erledigen.

Die neuen Nachbarn winken dem Fahrzeug nach. Ein leichter Nieselregen setzt ein, kaum einer befindet sich noch auf der Straße. Oma Leufel schließt das Fenster und sieht die beiden Mädchen gegenüber Federball spielen, im Garten, trotz des langsam zunehmenden Regens.

II

Bruchlose Landung

Endlich, endlich die Zeitung, ruft Schmidtlehmann – der Nachbar kreischt auf, springt aus dem Fenster, zur Wohnung herein. Er, Schmidtlehmann lesen zwei Stunden um die Wette. Klasse, schreit der Nachbar. Hurra, hurra, hurra, Schmidtlehmann. Die Winterastern nicken zweimal militärisch kurz. Der Nachbar lacht, zerreißt drei Seiten, stopft zwei faustgroße Brocken in seinen Mund, fällt auf den Teppich, wälzt sich. Der Nachbar auf dem Tisch: hüpft, grölt. Schmidtlehmann robbt los, kaut, singt, schluckt. Der Nachbar schnipselt das Zimmer grau. Schmidtlehmann spuckt schwarz-weiß bedruckten Brei, frißt die Sonntagsbeilage, kriecht aus der Tür. Der Nachbar ihm nach. Ein sonniger Tag. Schmidtlehmann und der Nachbar erschlagen sich fröhlich im Garten. Der Winter, der Winter johlen die Kinder. Zwei Katzen hängen sich auf. Der Nachbar könnte Leitartikel heulen. Niedliche Zeitungsfetzen vergittern die Luft. Amnestie für alle, die in den Zellen verhungert sind. Mein Gott, sagt ein Pfarrer und sieht nach oben. Aus den Wolken schneit schwarzblaue Tinte.

Der alte Major

Jeden Morgen öffnet er die vier Türen und holt die Kaninchen heraus. Es sind sechs, bald sollen es acht werden, für mehr fehlt der Platz. Er sagt: Na, kommt kommt kommt kommt, und setzt sie auf den Boden. Die Näpfe stehen bereit, nie würde er Brotreste und Grünzeug einfach in die Ställe schütten. Hinter dem Küchenfenster beobachtet seine Frau die Szene. Die Kaninchen stoßen gegen Drahtsiebe, wenn sie aus den Näpfen fressen wollen. Er sieht ihnen zu und lächelt. Diese Nacht hatte er endlich wieder seinen Lieblingstraum: er, als Dompteur in einem Flohzirkus. Er ist auf dreifache Flohgröße geschrumpft, so kann er die anderen bei der Dressur kontrollieren. Sie üben das Überwinden einer brennenden Eskaladierwand, einige Flöhe wirken recht ungeschickt. »Na, wird's bald!« ruft er und macht eine Geste des Bedauerns in Richtung Zuschauerraum. Ein Floh brüllt »Scheiße« und tippt sich an die Stirn. Da befiehlt der Major »Gas!«, kurze Zeit später ist das Gesicht des Aufsässigen hinter einer Schutzmaske versteckt. Er bekommt Applaus auf offener Szene, genießt das Gefühl der Bestätigung – und merkt, daß die Kaninchen unruhig werden. Eines läuft vom Napf weg. Er schlägt mit der zu diesem Zweck halbierten Pferdepeitsche auf die Erde, sofort stellt sich Erfolg ein. Jetzt könnte er die Siebe wegnehmen und alles Weitere ginge nach Reglement. Ein Bekannter hielt dies für unmöglich. »Ausgeschlossen«, bemerkte er bei einem Treffen Altgedienter in der städtischen Weinstube, »eher bei Löwen, ich kenn mich aus.« Nach der Lehrvorführung am folgenden Tag redete jener Oberst a. D. anders.

»Donnerwetter«, meinte er und schlug seinem alten Freund, dem Major, wohlwollend auf die Schulter. »Alle Achtung, aber schließlich waren wir auch bei einem Eliteregiment.« Ein sich noch im Dienst befindlicher Hauptmann, der Jüngste unter den Uniformierten, schlug einen Orden vor, mehr im Spaß. Aber daraus entstand ein ernsthafter Disput, wieso eigentlich für solch vorbildliche Leistung keine Plakette zur Verfügung stehe. Wenigstens eine Urkunde. Die Vergabe von Auszeichnungen erfolge zu bürokratisch, meinte der Oberst, meist nur bei dem turnusgemäß wiederkehrenden Anlaß, statt eine belobigungswürdige Tat zum Anlaß einer Verleihung zu nehmen. Die anderen stimmten dem zu. Es gehe nicht an, nur solche Aktivitäten zu honorieren, die durch den Namen des Ordens bereits unter den zahlreich möglichen Leistungen als die einzig ordenswürdigen auserwählt waren. Das Gespräch über diesen Problemkreis füllte den halben Nachmittag. Der Hauptmann machte sich Notizen und konstatierte am Schluß siebenunddreißig Vorschläge für unregelmäßig zu vergebende Auszeichnungen. Eine Verdienstmedaille für kluge Organisation soldatischer Freizeitbeschäftigung, für beispielgebendes Ausüben militärischer Lebensformen im zivilen Bereich, für Philatelisten mit speziellem Interesse an Armeemotiven – Ideen gab es reichlich.

Der Major entfernt die Siebe und betrachtet seine Tiere. Heute müssen sie warten. Die Kaninchen vor der ihnen versperrten Nahrung zum ruhigen Sitzen zu bringen, war noch leicht gewesen; obwohl, auch hier galt es zu üben. Er exerzierte mit dem Stock bis alle in einer Stellung, die in erfreulicher Weise an ein Spalier erinnerte, dahockten. Die akkurat nebeneinander gestellten Speisenäpfe beförderten dies. Für den entscheidenden Dressurakt benötigte er allerdings Elektroschocks.

Jedes Tier wurde mit Kathode und Anode hinter den Ohren versehen – die entsprechende Fachlektüre zu studieren, war ihm keine Schwierigkeit. Nach kurzer Zeit blieben sie von selbst vor dem durch das Sieb nicht mehr geschütztem Futter sitzen. Ohne Bewegung. Darin zeigte sich nach seiner Meinung die wahre Meisterschaft. Anfangs tobten die Tiere wie tollwütig, jetzt war bei leichter Unruhe nur noch eine Andeutung gegen den Schwanz nötig. Bei Vorführungen verwies er auf erlernbare Reflexe, beim Tier wie beim Menschen sei vieles eine Sache der Gewöhnung. Und es wäre gar nicht ohne weiteres zu sagen, bei wem die Anpassung schneller geht...

Der Major schlägt auf den Boden. Die Kaninchen sitzen ruhig vor den Näpfen. Eine Weile erfreut er sich an diesem vollkommenen Anblick, bevor er sie einzeln in den Verschlag zurückträgt. Das Futter bekommen sie später von seiner Frau.

Er schließt die vorletzte Stalltür, fühlt etwas wie Stolz. Ein Tier sitzt noch vor seinem Napf. Mit seinem rechten vom Stiefelleder bedeckten Fuß stößt er ihn weg. Das Kaninchen bewegt sich nicht. Er geht, ohne auf die Zahl der Schritte zu achten. Als er sich umdreht, sieht er das Tier noch genauso dahocken. »Los, hau ab!« schreit der Major. Es hebt den Kopf ein wenig. »Worauf wartest du denn!« sagt er, kommt langsam zurück und hebt es hinter die mit doppeltem Maschendraht bespannte Tür. »Idiot«, denkt der Major.

Das tragische Ende eines Unbekannten

(Zu einem Bild von Wolfgang Mattheuer)

Möglichkeit eins

Blau. Düsteres. Wasser.

Zur Hälfte Wasser, zur Hälfte verschwommenes Blau.

Im Wasser die Maske mit zerrissener Schnur. Von einer Hand gehalten schwimmt sie, liegt reglos auf dem Blau: still wie die Hand. Kraftlos hängt die an der Larve, schlapp, erstarrt im letzten Griff.

Das sauber modellierte Profil, die abgestorbenen Finger – beides erteilt keine Auskunft über den Selbstmord.

Möglichkeit zwei

1

Die zwei kommen mit dem Boot.

Sie haben sich nicht getäuscht, zum Glück schwimmt er nahe am Ufer, sonst wäre er sicherlich übersehen, für ein Stück Treibholz gehalten worden.

Während der eine jene Person in das Boot hebt zerrt schleift, stellt der andere sich auf die Gegenseite, damit der Kahn nicht aus dem Gleichgewicht gerät. Außerdem sind so die ausgelegten Angeln besser im Auge zu behalten.

Der erste flucht über das Körpergewicht des Mannes, beginnt lustlos die Mund-zu-Mund-Beatmung. Wider Erwarten scheint der aus dem Wasser noch am Leben zu sein.

Da schreit der zweite, gestikuliert, zeigt auf das Ende des Bootssteges.

Beide legen die gerettete Person am Strand ab, bevor sie hastig zu den Gerätschaften zurückrudern, etwas muß angebissen haben.

Die Deutung der Wasserwellen erweist sich als richtig, ein Barsch, ein pfündiges Exemplar (erstaunlich bei diesem verschmutzten Gewässer, meint der eine). Die Hoffnung wächst, Glück zu haben (Hauptsache das Wetter hält an, seufzt der andere), ein paar Pfund brauchen sie noch, schon wegen den schadenfrohen Gesichtern ihrer Frauen.

2

Er schüttelt den Kopf, betrachtet seine nasse Kleidung, zupft ein wenig an Hose Jacke und merkt, daß es zwecklos ist. Wie konnte es dazu kommen, überlegt er, ein Schwindelanfall, verbunden mit zeitweiligem Gedächtnisverlust, so etwas sollte es ja geben. Nervliche Überbeanspruchung, hatte der Arzt also recht mit dem Kreislauf. Auch der Traum, vorhin – komisch, sehr komisch.

er ist aus dem büro gekommen ist nach hause gefahren hat sein jackett ausgezogen es an den bügel gehängt hat seiner frau »guten tag!« gesagt nach der zeitung gegriffen den hausschuhen und hat auf einmal keine lust mehr gehabt – keine lust mehr die zeitung zu lesen am abendbrottisch belegte brote in den mund zu stecken eine tasse tee zu trinken den fernseher einzuschalten gesalzene erdnüsse zu zerkleinern zwei drei flaschen bier zu leeren beim zweiten film einzunicken den fernsehapparat ausschalten gegen zweiundzwanzig uhr fünfzehn gegen zweiundzwanzig uhr fünfundzwanzig mit der abendtoilette zu beginnen zweiundzwanzig uhr vierzig der frau »gute nacht!« zu wünschen zwischen zweiundzwanzig uhr fünfundvierzig und zweiundzwanzig uhr fünfundfünfzig einzuschlafen – das alles hatte er satt und stand auf ging aus dem haus zu dem see in der nähe lief weiter weiter.

Wieder schüttelte er den Kopf. Die Zeit heilt alle Zweifel, erst mal weg hier, ein Taxi oder die Frau, trockene Sachen könnte sie mitbringen, und im Betrieb anrufen, daß er unpäßlich sei, morgen wahrscheinlich nicht kommen werde, doch übermorgen sicher, sie sollten sich keine Sorgen machen – er nickt und betrachtet ärgerlich die Kleidung. Am Abend weniger Fernsehen, überhaupt mehr Obacht geben in Zukunft, Diät streng einhalten, strenger wenigstens, der Anblick fließenden Wassers wird ein paar Wochen schwer zu ertragen sein, ab jetzt nicht mehr als zwei Sitzungen am Tag, die eigene Gesundheit ist das Wichtigste, warum hatte er sich beim Tischtennis abgemeldet, das Referat für nächste Woche wird er allerdings ausarbeiten müssen, aber sonst Schonung, gleich um die Ecke ist eine Telephonzelle, zwanzig Pfennig werden doch aufzutreiben sein, Gott sei Dank das Jackett nicht angehabt, der Ausweis sonst, nicht auszudenken, Glück im Unglück. Denkt er, zittert ein wenig, denn ihm ist kalt, und geht auf die Straße zu.

3

Als der Mann die von seiner Frau herausgesuchten Sachen anzieht, vor dem Schlafzimmerspiegel steht, stellt er mit Befriedigung fest, völlig normal auszusehen, wie immer – nur etwas blaß (das gibt sich) und müde (verständlich).

Ein nervöses Lächeln verscheucht die kurzzeitig auftauchende Vorstellung, sein Gesicht wirke wie eine Maske. Vielleicht braucht man doch eine Brille, überlegt er. Auf jeden Fall Schlaf, viel Schlaf, um morgen (spätestens übermorgen) wieder auf dem Posten zu sein.

Bald Herbst

Zwei Vögel auf einer Bank bewegen sich nicht. Der Himmel ist bedeckt, Wolken wie angemalt: Dunkles Grau, verwaschenes Braun. Niemand hat Lust, sein Haus zu verlassen: Lieber in den sicheren vier Wänden bleiben. Man kann nie wissen, was noch kommt.

Kaffeegeschirr wird in die Küche getragen, in den Ausguß gestellt, bis es am Abend in die Schüssel mit dem heißen Wasser kommt und wieder, zum Trocknen, in den Ausguß gestellt wird. Sonntagnachmittag. Der Aufwasch kann warten.

Das Klirren der ineinandergestellten Kaffeetassen auf dem Tablett. Vorsicht, nichts fallen lassen.

Zunehmend dunkler die Wolken; und die Vögel auf der Bank hüpfen, fliegen nun doch, unschlüssig, in welche Richtung sie dem Wetter entkommen können.

Jemand erkundigt sich nach der Zeit, einer nach dem Fernsehprogramm. Es ist später Nachmittag, der Himmel läßt frühen Abend ahnen.

Bald werden Abendbrotteller aus dem Schrank geholt. Bald werden Servietten auf den Tisch gelegt.

Die Temperatur fällt langsam. Schöne Zeit für Katzen, keiner stellt ihnen nach, keine Steine fallen, selbst Hunde werden seltener.

Wind kommt auf. Die Autos verschluckt von den Garagen. Straßenbahnleitungen sirren, kaum merkliche Botschaften, von einem zum möglichen anderen Ende; Zeichen, die sich auf langer Strecke verlieren.

Aus verschiedenen Radios derselbe Schlager über die

Liebe, vor den Lautsprechern sagen Leute »Ein alberner Schlager« und summen leise mit.

»Das Wetter ist auch nicht mehr wie früher«, spricht die alte Frau aus dem dritten Stock, prüft mit der linken Hand den Sitz ihres Gebisses, bevor sie mit der rechten den Laden verriegelt, das Fenster schließt.

Gleich muß es losgehen. Den Fernseher einschalten, nur kurz – vor dem ersten Donner sich noch etwas erzählen lassen, vielleicht über das Wetter. War da eben ein Leuchten? Besser, die Antenne wird herausgezogen, das Licht eingeschaltet im Haus, vor allem in oberen Etagen.

Gut haben es die Pflastersteine, kaum noch ein Fußgänger, der sie mit hastigen Schritten traktiert.

Jemand streckt die Hand aus dem Fenster. Einer stellt fest, daß es noch nicht regnet, ein anderer, daß es gleich regnen wird.

Sie sagt, daß sie Angst hat.

Dann geschieht es. Wasser fällt. Langsam zuerst, kleine Tropfen, größere bald, die die Steine naß schlagen.

Grelles Gelb, ein Riß durch den Himmel. Das erste Grollen.

Nicht nervös werden. Die Berührung metallischer Gegenstände meiden. Sich in den Sessel setzen und ein Kreuzworträtsel lösen. Acht senkrecht: eine derzeit ungebräuchliche Vorrichtung zum Töten mit zehn Buchstaben. Der Blitzableiter funktioniert, da kann nichts passieren.

Stilleben

1

Keiner weiß genau, worüber eigentlich gesprochen wird; aber es wird gesprochen, zur Sache, denn was heißt »eigentlich« (dieser weite Raum von Möglichkeiten des Wissens, in dem das eigene kaum keinen Platz finden kann) – man weiß Bescheid, ungefähr mindestens, und außerdem: Wenig ist besser als weniger.

Einem erstickt die Stimme. Er greift zum Glas mit dem abgestandenen Wasser, redet weiter, ähnlich seinem Vorredner und dem Redner davor, vergleichbar allen anderen, die schon gesprochen haben, zustimmend zumeist, weniger zustimmend auch (bei weiterem Durchdenken hat sich freilich das »weniger« meist als andere Art des Befürwortens herausgestellt, die mit nicht so geläufigen Worten, raffinierten Gesten und extravaganter Rhetorik, durchaus heftiger zustimmend sein kann als die häufige Art des direkten, oftmals pathetisch dargebotenen Bejahen).

Einer zuckt jäh nach oben, beinahe wäre ihm die Zigarette aus der Hand gefallen. Er setzt sich ordentlich auf den Stuhl, nickt konzentrierter und öfter als vorher.

Ein nächster wiederholt das soeben Gesagte, ungern, aber was tut man nicht alles, wenn es getan werden muß. Zweimal muß er die Hand vor den Mund nehmen – beim dritten Gähnen übergibt er das Wort.

Die Kehlen trocknen aus. Das kommt vom Rauch, der die Luft langsam verdrängt, alle Fliegen in Fensternähe treibt; fast betäubt von dem in milchigen Schwaden aufziehenden Dampf suchen sie nach einem Spalt, einer Öffnung im fest verschlossenen Fenster. Und taumeln zurück, pendeln hilflos zwischen Klemmappen Wand und Aschenbecher Tür; suchen den Luftzug, der ausbleibt, denn keiner denkt jetzt an so etwas, wo eine wichtige Sache behandelt wird.

2

Und als die Fliegen zu Boden fallen, sind die Stimmen längst im Gekrächz, dann im Schweigen verschwunden. Die Köpfe liegen auf der Tischplatte: Reglos, mit glasigen Augen.

Doch die Fliegen könnten sich erholen, jetzt, wo der Rauch nicht mehr zunimmt – sie könnten durch das geräumige Schlüsselloch, falls einer zufällig den Schlüssel abzöge, der Versammlung entkommen, deren Ende nicht abzusehen ist.

Kampf

Er versuchte sie zu ersäufen. Sie versuchte ihm auszuweichen.

Die ganze Zeit, während er auf dem Klo saß, versuchte er, die Motte zu ersäufen.

Er saß neben dem Waschbecken, ohne sich zu erheben. Mit der linken Hand drehte er den Wasserhahn auf, hielt die geöffnete Hand unter den kräftiger werdenden Strahl, um den Spritzradius zu vergrößern.

Sie sollte getroffen werden. Jene Motte, die sich versehentlich auf den glatten weißen Grund des Waschbeckens verirrt hatte, auf dem hellen glitschigen Grund aufwärts taumelte. Dem Rand zu.

Er wollte die Motte erledigen und versuchte sie zu bespritzen. Flugunfähig sollte sie werden. Zerdrückt sollte sie sein. Zerquetschen, zerstampfen mußte man diese Motten. Überall waren sie, hockten im Schrank in der Küche der Lampe. Im Brot. Wenn er morgens die Zähne putzen wollte und den Mund öffnete, kam eine Motte hervor.

Er mußte sie endlich vernichten, die, um ihn zu erschrekken, in das Waschbecken gestiegen war. Diese für alle.

Er versuchte, näher an das Becken heranzurücken, ohne aufstehen zu müssen, weil er dann besser zielen konnte.

Er mußte besser zielen, weil er die Motte nicht getroffen hatte.

Sie wich aus, zitterte, kroch, sie kletterte, kroch, wich aus, kroch – kam nach oben. War weg.

Er sah die Motte nicht mehr, stand auf, wischte sich ab und zog die Wasserspülung.

Er sah sie nicht mehr.

Als er unter und neben und hinter und vor dem Becken nachsah, wurde ihm klar, daß die Motte nicht mehr da war.

Er hätte das Klo unter Wasser setzen können, aber die Motte würde zur Decke aufsteigen und bis zur Decke käme das Wasser nicht – die Türen hielten nicht dicht. Wären die Türen dicht, hätte das ein Ausweg sein können. So mußten sie kommen, gleich oder fast gleich würden sie kommen, wird sie die anderen aufwiegeln, verhetzen – und gemeinsam werden sie ihn anfliegen, bespringen, seine Sachen auffressen, die Möbel, alles ihm wegnehmen – die Wohnung, die schon längst die ihre ist. Mit dem Mottenpulver aus dem Schrank, das zu nichts anderem mehr hilft als sie süchtig zu machen, damit würden sie kommen. Ihn besprengen, imprägnieren werden sie ihn, wenn er nicht aufgibt und, die Arme wie Flügel schwenkend, sich freiwillig unterwirft, wenn er nicht schon längst zur Motte gemacht worden ist.

Er hatte sie ersäufen wollen. Er hätte sie ersäufen können.

Das Haus sollte er abbrennen, oder die Straße, die Stadt, oder nur das Haus. Vorher die Fenster abdichten. Wenn alles richtig mit Benzin übergossen wird, entkommt sie nicht. Nur drin müßte er bleiben, die Tür bewachen, damit nichts durch sie heraus, keiner durch sie herein kann, vielleicht um das Feuer zu löschen. Wenn er im Haus bliebe, bräche keiner ein Fenster auf, er würde das Haus verteidigen, mit allen Kräften. Ungestört könnte es abbrennen.

Er zog die Spülung zum zweiten Mal und wartete bis genug Wasser nachgelaufen war, um die Spülung zum dritten Mal zu ziehen.

Er wußte nicht, wo die Streichhölzer sind. Wußte nicht, wo sie sein konnten, ob er welche da hatte, wo Benzin war.

Wenn er Streichhölzer kaufen ginge, würde die Motte durch die Tür entwischen, wenn er diese beim Verlassen des Hauses öffnet.

Er konnte kein Streichhölzer holen.

Die Spülung zog er zum dritten Mal und würde sie wieder und wieder ziehen, wenn es nötig sein sollte.

Er bewegte sich nicht, hörte auf die Geräusche im Raum und hörte nichts außer dem Schweigen einer Motte.

Vielleicht sterben sie bald aus, hoffte er, vielleicht sterben sie schnell und gründlich aus.

Er begann zu zittern. Er begann zu schwitzen. Er begann sich zu erkälten.

Sie wartete im Hinterhalt, lauerte mit den anderen, eine wie die andere warteten sie, daß er umkippe, schlapp machte, aus dem Fenster sprang, vielleicht auch flog. Die anderen, die er nicht sah, aber spürte, auf dem Rücken zum Beispiel, auch im Gesicht klebten sie, bedeckten die Augen, ohne daß er sie greifen konnte.

Er fühlte sich taub.

Er hatte sie töten wollen.

Er wartete bis ausreichend Wasser in den Behälter für die Spülung nachgeflossen war, damit er wieder ziehen konnte. Er wollte die Motte erledigen, diese oder eine andere, eine wollte er noch erwischen.

Auffällig stieg er in das Becken, auf dem er kurz davor gesessen hatte, stellte sich in das Becken und schwenkte mit den Armen. Er drehte die Arme schnell, er sang ein Kinderlied und glaubte, daß man auf ihn aufmerksam würde. Daß die Motte ihm folgte, ihn verfolgte.

Einen wollte er ersäufen, irgendeinen.

Vorher zog er die Schuhe aus, damit er nicht hängen blieb.

Die Motte, die ihn angreifen wollte. Die ihn angegriffen hatte.

Und er zog sich aus, seine Sachen sollten das Becken nicht verstopfen.

Zog sich ganz aus und zog an der Spülung.

Ortswechsel

Der Ort K. liegt abseits.

Der Ort P. liegt abseits.

Herr L. schreibt immer von K. nach P. ...

An den ehemaligen Freund: lange inhaltsreiche Briefe.

Fast täglich.

Herr L. ist alt.

So fährt er nicht mehr weg. Schon gar nicht bis P. ...

K. ist ein kleiner Ort.

Dort gibt es einen Briefkasten. Einen Briefkastenentleerer, einen Postbeförderer (in das größere Nachbardorf, wo der gelbe Wagen aus der Kreisstadt hält), einen Postholer, einen Postausträger.

Alles in einer Person.

Herr S. ...

Man schreibt nicht viel in K. ...

Außer L. ...

Man bekommt kaum Post in K. ... Bis auf Herrn L. ...

Regelmäßige Antwortbriefe.

S. kennt jeden im Ort – jeder kennt ihn.

Er ist eigentlich zufrieden. Nur, daß es zu wenig Unterhaltung gibt, stört ihn ziemlich.

S. weiß viel.

Zum Beispiel, daß der Freund in P. längst tot ist.

S. fehlt etwas und L. würde etwas fehlen, wenn nicht der postaustragende postholende Briefkastenentleerer alle

Briefe an den Freund in K. in Empfang nähme, sie öffnete – und schließlich beantwortete.

Die Stempel sind stets unleserlich.

S. schreibt also L. einiges, worüber nicht gesprochen wird im Dorf.

Üblicherweise.

Ansonsten sehen sie sich jeden Tag, wenn L. beim Milchholen das vierzig Meter von seiner Wohnung entfernte Postamt passiert.

»Guten Tag!«

»Guten Tag!«

Selten mehr.

Der Herrscher

Nein, er will keinen Kult um seine Person. Auszeichnungen und Ehrungen lehnt er prinzipiell ab, jede offizielle Huldigung ist ihm verhaßt. Schließlich arbeiten die anderen genauso, meint er, auch wenn ich Herrscher bin, tue ich nicht mehr für mein Volk als es für mich tut. Umschmeichelt möchte er nicht werden, keinesfalls sollen Plätze oder Straßen seinen Namen tragen; auf eine besondere Grußformel legt er keinen Wert. Auch an der Tafel sitzt er inmitten der anderen. Daß sie seinem Hund einen Ehrenplatz einräumen, freut ihn. Zeitig hat er dessen Fähigkeiten erkannt, eher gespürt, was andere noch nicht sahen – nicht ohne Grund wird der Hund seit längerem zu allen wichtigen Beratungen hinzugezogen. Sie achten das Tier. Es macht Spaß zuzusehen, wie sie vor ihm knien. Einigen ist Bellen gestattet. Und manchmal darf der eine oder andere den Speisenapf auslecken. Zweifellos handelt es sich um einen besonderen Hund: sein Standbild steht auf allen öffentlichen Plätzen. Das Volk vertraut dem Knurren. Derzeit wird für einen Palast, ihm zu Ehren, gesammelt. Als höchste Auszeichnung hat man erst vor kurzem den dreifachen Biß eingeführt. Und gegen den Vorschlag, alle Feinde des Hundes zu köpfen, hat er nichts einzuwenden.

Zimmer 312

Ein Büro. Das Zimmer ist lang, wirkt jedoch schmal. Nach oben sollte es begrenzt sein: der Betrachter kann an eine geöffnete Schachtel erinnert werden. An der rechten Seitenwand ein Schrank: verschlossen. Schräg vor der rechten hinteren Ecke steht der Schreibtisch, parallel zu ihm in der vorderen linken Ecke ein Blumenständer: Gummibaum und Schlingpflanzen. Sie reichen bis fast an die Decke. Vor oder auf dem Ständer fünf Töpfe mit Kakteen. Eine grüne Gießkanne steht auf dem Boden.

Links vom Schreibtisch ein Stuhl, in der hinteren Wand zwei Türen. Stellen wir uns die Länge des Zimmers durch drei geteilt vor, so beschließt die linke Tür das erste Drittel. Sie darf keinesfalls von Grünpflanzen verdeckt werden. Farblich sind die Türen der hinteren Wand angepaßt, die Griffe unscheinbar. In angemessenem Abstand hängen zwischen den Türen zwei leere Bilderrahmen: ihre Größe läßt den Schluß zu, daß sie für Porträtfotos als »historisch« verstandener Persönlichkeiten geplant sein könnten.

Am Schreibtisch sitzt ein Mann, der mit den vor ihm liegenden Akten beschäftigt ist. Man weiß nie, ob er seine Akten beim Sprechen nur so nebenher bearbeitet, oder ob er seinen Gesprächspartner beim Bearbeiten der Akten nur so nebenbei abfertigt.

Der Aktenstapel ist geteilt, der Mann legt ab und zu eine bearbeitete Mappe vom ersten auf den zweiten Stoß. Das geschieht selten, denn er arbeitet gründlich. Der Mann blättert in den Papieren, korrigiert, streicht an, schreibt dazu, streicht durch, benutzt verschiedene Stifte, stempelt, heftet gelegentlich zwei Blätter zusammen, radiert, schüttelt den Kopf – letzteres selten. Auf dem Schreibtisch herrscht eine vertretbare Unordnung, man gewinnt schwer eine Übersicht. Auf jeden Fall Telefon, Kaffeekanne, ein Wecker.

Der Mann hinter dem Schreibtisch arbeitet also.

Minuten kein anderes Bild.

Stille, vom Rascheln der Blätter, von zwei, drei Stempelaufschlägen unterbrochen.

Klopfen an der linken Seitentür.

Der Mann reagiert nicht.

Energischeres Klopfen.

Herr Schaller (öffnet langsam die Tür): Guten Tag.

Der Mann (blickt nicht auf, wie er zunächst weder aufsehen, noch seine Arbeit unterbrechen wird): Guten Tag.

Herr Schaller (öffnet die Tür vollständig, tritt einen Schritt vor): Entschuldigen Sie, daß ich störe.

Der Mann: Nehmen Sie Platz.

Herr Schaller geht zum Stuhl. Sein Gegenüber weist auf die Sitzgelegenheit. Herr Schaller setzt sich, mustert das Zimmer, die

Wände, den Schreibtisch, den Mann: wartet darauf, angesprochen zu werden.

Herr Schaller: Ich wollte...

Der Mann: Ja. Bitte.

Herr Schaller: Ich wußte nicht genau, vielleicht bin ich falsch – der Pförtner war gerade nicht da.

Der Mann: Er ist öfter unterwegs. Das ist ein großes Gebäude.

Herr Schaller: Eben, und ich wußte nicht, in welchem Raum – ich meine, wohin ich mich wenden soll. Es geht um das Telefon. Wissen Sie, ein Defekt.

Der Mann: So.

Herr Schaller: Ja, das Telefon. Wie schon gesagt, ich wußte nicht, welches Zimmer – ich meine, wer dafür zuständig ist. Schlecht, daß man am Eingang nichts beschildert hat, wo das Gebäude so groß ist. Kann ja kein Dauerzustand sein, so ein kaputtes Telefon, das geht schließlich nicht. Nicht wahr?

Der Mann: Natürlich nicht.

Herr Schaller: Meine Frau sagte auch: geh so schnell wie möglich hin, da bin ich von der Arbeit gleich hierher. Meistens kommt doch nicht sofort jemand. Ich meine, bei Reparaturen muß man mit Wartezeiten rechnen... Und hier bin ich zur erstbesten Tür rein. Und nun bei Ihnen. (Der Mann hinter dem Schreibtisch nickt.) Sie wissen doch bestimmt, wer dafür zuständig ist?

Der Mann: Unnötig.

Herr Schaller: Also bin ich hier richtig?

Der Mann: Sicher.

Herr Schaller: Ich meine, wegen des Telefons.

Der Mann: Natürlich.

Herr Schaller: Es muß wirklich repariert werden. Erst dachte ich an eine Störung – man hat ja seine Erfahrungen. Vielleicht der Anschluß, so was geht oft von selbst weg. Doch diesmal nicht: gestern abend, heute morgen – kein Zeichen, kein Tuten, nichts.

Der Mann: So.

Herr Schaller: Ich wähle verschiedene Nummern, drücke auf den weißen Knopf – Sie wissen doch, unten am Apparat – lege den Hörer auf, hebe ihn ab, lege auf, hebe ab, und das zigmal. Ich überprüfe das Kabel – kein Wackelkontakt festzustellen – klopf auf die Muschel, ein paar Schläge bewirken manchmal Wunder – nichts, kein Ton, absolut keinen Ton.

Der Mann: Bedauerlich.

Herr Schaller: Und ohne Telefon – nirgends erreichbar, privat oder geschäftlich. Ich meine, es gibt immer bestimmte Dinge, die man per Telefon erledigen will. (Versucht zu lachen.) Man fühlt sich richtig von der Welt abgeschnitten.

Der Mann: Verständlich.

Herr Schaller: Aber ich rede viel zuviel.

Der Mann: Nein, nein.

Herr Schaller: Sicher gibt es wichtigere Fälle.

Der Mann: Sicherlich.

Herr Schaller: Wenn es Ihnen nicht möglich, ich meine, die Leute fehlen überall. Bei den vielen Apparaten kein Wunder.
(steht auf) Nichts für ungut, ich will Sie nicht länger aufhalten. (Eine Geste des Bedauerns.) Was nicht geht, geht nicht.

Auf dem Schreibtisch klingelt ein Wecker. Sofort drückt der Mann auf den Knopf – der Wecker verstummt. Der Mann blickt auf seine Armbanduhr, nickt, arbeitet weiter. Herr Schaller, auf dem Weg zur Tür, ist beim Klingeln stehengeblieben.

Der Mann: Würden Sie mir einen Gefallen tun?

Herr Schaller: Ja, es kommt darauf an...

Der Mann (zeigt in Richtung Blumen): Wenn es Ihnen nichts ausmacht, gießen Sie bitte die Kakteen.

Herr Schaller: Die Kakteen?

Der Mann: Alle drei Wochen bekommen sie Wasser, immer um diese Zeit.

Herr Schaller: Drei Wochen – nun, warum nicht. (Geht zu den Grünpflanzen.) Also die Kakteen – ach, da war das Klingeln wohl...

Der Mann: Ein Spezialwecker.

Herr Schaller: Praktisch, was es nicht alles gibt. Drei Wochen, das merkt sich sonst keiner.

Der Mann: Eben.

Herr Schaller: Und wo soll ich nun...

Der Mann: Die fünf kleinen Töpfe vor den großen. Gießkanne steht unter dem Ständer. (Herr Schaller zieht die Kanne hervor.) Erster Kaktus rechts fünf Sekunden Wasser, der Zweite vier, Dritte drei, der Vierte dreieinhalb, der letzte bekommt dann den Rest.

Herr Schaller (lacht): Ist aber genau ausgetüftelt.

Der Mann: Erfahrungswerte.

Herr Schaller: (zählt beim Gießen leise mit, setzt nach dem ersten ab): Ein Bekannter von mir war auch Züchter, ganz vernarrt in Kakteen – sein Wohnzimmer war voll davon. Und von wer weiß woher: Mexiko, Chile, Argentinien – weiß der Teufel, woher sonst noch. Ich meine, der achtete auch sehr genau auf das Gießen. (Er gießt den zweiten.)

Der Mann (sieht zum erstenmal auf, mustert den Partner, was dieser nicht bemerken kann, da er dem Mann seinen Rücken zuwendet): Ach, verstehen Sie was von Kakteen?

Herr Schaller: Nein, nein – nur daß sie als Sitzgelegenheit nicht geeignet sind.

Der Mann (arbeitet weiter): Ach so.

Herr Schaller: Wieviel waren es beim Vierten?

Der Mann: Dreieinhalb. (Herr Schaller schüttelt den Kopf.) Vier gehen auch.

Herr Schaller (verteilt das Wasser): Soll ich die Kanne zurückstellen?

Der Mann: Bitte.

Herr Schaller (steht auf, betrachtet die Grünpflanzen, geht zur Tür): Na, dann auf Wiedersehen!

Der Mann: Warum denn.

Herr Schaller: Ich sehe, Sie können mir doch nicht helfen. Ich meine, wegen des Telefons.

Der Mann (weist mit dem Arm auf die Türen der hinteren Wand): Gehen Sie da rein.

Herr Schaller: Ach so, warum sagen Sie das nicht gleich. Na, dann ist ja alles bestens. So ein Glück, aus Zufall das richtige Zimmer erwischt.

Der Mann: Gehen Sie nur.

Herr Schaller (begibt sich zu den Türen): Gern. Zu welcher?

Der Mann: Am besten rechts. (Herr Schaller klopft an.) Treten Sie nur ein.

Herr Schaller öffnet behutsam die Tür, geht in das andere Zimmer, schließt die Tür. Fünfundvierzig Sekunden Ruhe, nur der Mann hinter dem Schreibtisch.
Die Tür wird wieder geöffnet. Herr Schaller kommt aus dem Zimmer, Sekunden steht er still, ohne die Tür hinter sich zu schließen.

Herr Schaller: Was...

Der Mann: Bitte schließen Sie die Tür.

Herr Schaller (befolgt die Aufforderung): Ich verstehe nicht...

Der Mann: Wie bitte.

Herr Schaller: Verstehe nicht, was...

Der Mann: Setzen Sie sich.

Herr Schaller: Können Sie erklären...

Der Mann: Bitte nehmen Sie Platz.

Herr Schaller (geht zum Stuhl setzt sich): Ich weiß nicht, ich meine...

Der Mann: Eine Zigarette? (Ohne aufzusehen, bietet er die geöffnete Schachtel an.)

Herr Schaller. Nein. Danke.

Der Mann: Nichtraucher?

Herr Schaller: Ja.

Der Mann: Vernünftig. Schon immer?

Herr Schaller: Vier Jahre.

Der Mann: Gut durchgehalten. Ich rauche auch nur noch zwei am Tag. Man muß auf seine Gesundheit achten.

Herr Schaller (deutet mit der Hand zur Tür): Aber da drin...

Der Mann: Ja.

Herr Schaller: Ein Galgen.

Der Mann: Mit Nylonschlinge.

Herr Schaller: Aber was... Ich meine, was soll... Sie haben sich geirrt, ich war im falschen Zimmer.

Der Mann: Nein. Aber Sie können auch links.

Herr Schaller: Und dort?

Der Mann: Genickschußanlage. Halbautomatische Bedienung.

Herr Schaller: Ja, aber wieso. Ich meine, was hat das mit mir...

Der Mann: Sie können wählen.

Herr Schaller: Wie bitte, Sie müssen entschuldigen – ich verstehe nicht...

Der Mann: Links oder rechts – die Anlagen stehen zu Ihrer Verfügung.

Herr Schaller: Ich bin doch wegen des Telefons...

Der Mann: Ja, ja.

Herr Schaller: Ja, wegen des Telefons.

Der Mann: Leider fehlen die Leute, das sagten Sie vorhin selbst. Sie müssen es allein in Ordnung bringen – tut mir leid. (Lauter) Auch ich habe mehr Arbeit als mir zusteht.

Herr Schaller: Es soll kaputt bleiben, von mir aus.

Der Mann: An jeder Vorrichtung ist eine Gebrauchsanweisung. Oben rechts – deutlich lesbar. Da kann nichts schiefgehen. Bei eventuellen Unklarheiten rufen Sie mich, und ich erläutere den Ablauf.

Herr Schaller: Ein Irrtum – es muß ein Irrtum vorliegen...

Der Mann: Genickschußanlage und Strick machen sich gut. Gaskammer ist aus der Mode gekommen, auch unrentabel. Bis vor kurzem gab es noch die Guillotine – mancher hatte einen Sinn für das Historische. Aber nicht jedermanns Sache – sehr blutig.

Herr Schaller: Mein Name ist Schaller, Gottfried Schaller – Sie verwechseln mich.

Der Mann: Die Anlagen befinden sich in gutem Zustand. Versagen, unnötige Verzögerungen sind ausgeschlossen.

Herr Schaller: Schaller.

Der Mann: Sagten Sie bereits.

Herr Schaller: Ich bin rein zufällig hier. Wirklich, rein zufällig.

Der Mann: Aha.

Herr Schaller (richtet sich auf): Wer sind Sie eigentlich?

Der Mann: Wissen Sie nicht?
Herr Schaller: Wer denn?
Der Mann: Wirklich nicht?
Herr Schaller: Doch nicht etwa...
Der Mann (blickt zum zweitenmal Herrn Schaller an, dann beiläufig): Doch.
Herr Schaller (hastig): Nein.
Der Mann: Beruhigen Sie sich.
Herr Schaller: Ich hatte nicht geglaubt, daß es noch...
Der Mann: Ja, der Glaube. Finden Sie nicht auch, daß es zieht. Vielleicht ist die andere Zimmertür offen, würden Sie so freundlich sein und nachsehen. (Herr Schaller steht auf, geht zur Tür – setzt sich wieder, als er die Tür geschlossen hat.) Danke. Hatte ich doch richtig vermutet. Das Schloß hält nicht.
Herr Schaller: Meine Frau...
Der Mann: Ja.
Herr Schaller: Wenn ich weg bin...
Der Mann: Werden Sie vermißt?
Herr Schaller: Und mein Sohn – ich meine, was soll mein Sohn denken.
Der Mann: Sie meinen, daß Ihr Sohn an Sie denkt.
Herr Schaller (plötzlich): Aber die Fische – ja, die Fische. Wer füttert die denn. Das interessiert doch keinen. Die Skalare laichen bald, da kümmert sich keiner um die Wasserbewegung, keiner.
Der Mann (schaut auf): Ihre Fische? (Arbeitet weiter.)
Herr Schaller: Ja, seit neun Jahren habe ich sie. Zwei Aquarien – eines nur für die Zucht. Salmer, Barben, Zahnkarpfen, Welse, Zwergchichliden – ich hatte schon alle Arten. Seit drei Jahren glückt auch die Aufzucht von Lebendgebärenden. Gar nicht so leicht. Schon bei dem

Wasser, bei dem Wasser fängt es an. Reines Quellwasser, nichts anderes. Ich meine, sonst sind die Chancen gleich Null.

Der Mann (unterbricht für Sekunden die Arbeit): Ich wollte mir auch mal ein Aquarium...

Herr Schaller: Abends, wenn das Zimmer dunkel, nur die Beleuchtung über dem Wasser. Und Fische schwimmen zwischen den Pflanzen – oder necken sich. Da sitzt man davor, kann stundenlang zusehen. Nichts passiert, keiner treibt die Fische an – sie schwimmen einfach ...Einfach so.

Der Mann: Wie war das Wetter?

Herr Schaller: Was?

Der Mann: Draußen – wie das Wetter war.

Herr Schaller: Bewölkt.

Der Mann: Dann werde ich den Schirm mitnehmen.

Herr Schaller: Bitte, kann ich jetzt gehen.

Der Mann: Ja. (Weist auf die Türen.)

Herr Schaller: Ich will nicht.

Der Mann: Wer will schon.

Herr Schaller: Man kann doch nicht einfach... Das ist Mord.

Der Mann: Wovon sprechen Sie?

Herr Schaller: Aber das ist ja... Ich meine, das kann keiner... verlangen.

Der Mann: Früher hatten wir noch Tabletten zur Verfügung. Heute geht alles in den Export – wir müssen mit pharmazeutischen Produkten sparen.

Herr Schaller: Ich mache das nicht.

Der Mann: Eine Tasse Kaffee?

Herr Schaller: Nein – das nicht.

Der Mann: Wird inzwischen kalt sein, ist dafür aber stark. Wollen Sie?

Herr Schaller: Ja.
Der Mann (schenkt ein): Zucker?
Herr Schaller: Nein.
Der Mann: Bitte. (Setzt die Tasse auf den Schreibtischrand.)
Herr Schaller (nimmt die Tasse, leert sie langsam, starrt zwischendurch auf den Fußboden, stellt die Tasse zurück): Gibt...
Der Mann: Wie bitte?
Herr Schaller: Gibt es keinen Ausweg? (Der Mann reagiert nicht.) Wirklich keinen?
Der Mann: Die Zimmer. Hat der Kaffee geschmeckt? Gefriergetrocknet, ein besseres Aroma. Meine Frau sagt zwar, er schmecke so nach Suppenwürze, aber ich finde, man muß nur die richtige Menge nehmen. Wollen Sie noch eine Tasse – eine ist noch in der Kanne. Leider habe ich keine Sahne, wird hier zu schnell sauer. (Pause.) Nun, wenn Sie nicht wollen.
Herr Schaller: Meine Frau hat ihn immer gut gekocht.
Der Mann: Hoffentlich regnet es heute nicht mehr. Wenigstens nicht zu stark. Wäre schade um die Kirschen. Wenn es richtig regnet, platzen sie.

Herr Schaller steht auf, wirft dem Mann am Schreibtisch einen Blick zu, den dieser nicht wahrzunehmen scheint. Herr Schaller begibt sich zu den Türen, zögert, geht zur linken, legt die Hand auf die Klinke, dreht sich um, schaut wieder zur Tür, öffnet sie, tritt in das andere Zimmer, vergißt die Tür zu schließen.

Der Mann (blättert gerade in einer Akte, spricht lauter als vorher): Mit dem Rücken an die Latte. Den Regler in die rechte Hand. Vorsicht, nicht am

Kabel hängen bleiben. Den weißen Knopf drücken, dann in der Mitte den blauen – dann den roten.

Sieben Sekunden Stille.
Ein Schuß.
Der Mann hinter dem Schreibtisch arbeitet weiter.
Dreißig Sekunden.
Legt den Stift aus der Hand, hebt den Telefonhörer ab, sieht auf einen Zettel nach der Nummer, wählt mit der linken Hand – muß nicht lange auf Anschluß warten.

Der Mann: Guten Abend, spreche ich mit Frau Schaller? Angenehm, ich soll nur ausrichten, daß Ihr Mann heute abend verhindert ist. (Pause.) Ja, eine dringende Sache – morgen werden Sie benachrichtigt. (Pause.) Nein, weiter hat er nichts ausrichten lassen – ach so, doch: die Fische sollen gefüttert werden. (Pause.) Na, dann ist ja alles bestens. (Pause.) Danke, Ihnen auch – auf Wiedersehen.

Er legt auf, arbeitet weiter.

Mit dem Schlimmsten wurde schon gerechnet

Na ja, seufzte man und veranlaßte das Nötige.
Aber dann ging es plötzlich bergauf.
Na ja, sagte man und nickte.
Doch dann ging es Oma wieder schlechter.
Na ja, sagte man und nickte.
Und auf einmal ging es ganz schnell.
Ja, ja, seufzte man und veranlaßte das Nötige.

Den Hals soll er sich brechen

Kremplowski, das Aas, denkt Kowalski. Dann denkt er: Hat dieser Kerl schon wieder das Pult verrückt. Vor zwei Wochen genauso: Beim Hinsehen nichts zu bemerken, erst beim Aufstützen schwankte das Pult mit dem Glas. Das Wasser hätte überschwappen können. Kowalski ahnte, daß Kremplowski wußte, wie ihn der Anblick einer schaukelnden Flüssigkeit irritierte. Gut, daß er erst jetzt, gegen Ende, auf das Pult geklopft hatte. Eine halbe Stunde vorher stand noch alles richtig. Man muß eben mehr aufpassen, schlußfolgerte Kowalski, den Winkel künftig unmittelbar vor Beginn prüfen. Pultseitenkante dreißig Grad zu den Linien des Parketts. Kowalski wurde wütend: Das Glas müßte man nehmen und es Kremplowski an den Kopf schmeißen. Die Rede vor vier Wochen ging bestimmt auch auf sein Konto, das Manuskript war zwei Tage zuvor vollständig gewesen. Zum Glück fiel eine fehlende Seite beim Vortrag nicht auf. Aber demnächst soll der die Reden halten, überlegt Kowalski, wird schon sehen, was er davon hat. Und ein Pult bekommt er hingesetzt, ein Pult – wie beim Wildwasserrennen darf er sich fühlen, der feine Kollege.

Kowalski grinst bei diesem Gedanken und verspricht sich. Er konzentriert sich stärker auf den Text und wiederholt den letzten Satz.

Noch zwei Minuten, dann die abschließenden Worte.

Applaus.

Die Gäste verlassen ihre Plätze und drücken sich gegenseitig durch die schmale Eingangstür.

Kowalski holt seinen Mantel. Kremplowski kommt und

bringt die Tasche. »Schönen Dank«, sagt Kowalski, zögert einen Moment, bevor er sich zu einem weiteren Satz entschließt: »Sagen sie, Herr Kollege, waren sie so freundlich, mir das Wasserglas auf mein Pult zu stellen?«

»Nein, Stupinski hat das Wasser gebracht – wieso, hat etwas nicht gestimmt?«

»Nein, nein, im Gegenteil – ich wollte mich nur für die Aufmerksamkeit bedanken.«

»Ach so, ich dachte schon – nein, es war Stupinski.«

Beide verlassen den Raum und gehen die Treppe hinunter.

Aha, Stupinski, denkt Kowalski und kombiniert. Deshalb war der gestern im Saal herumgeschlichen, darum seit Tagen diese verdächtige Höflichkeit. Hund verdammter. Jetzt erklärt sich auch das mit dem Schloß vor fünf Wochen – oder sechs? Jedenfalls hatte Stupinski seine Aktentasche abstellen wollen – freundlicherweise, wie er sagte. Kowalski rekonstruiert: Das war kurz vor der Sitzung, auf der dann die nötigen Unterlagen nicht zur Hand waren. Die Tasche ließ sich nicht öffnen. Diese Kröte. Beleidigt, weil er ihm den Urlaubsplatz vor der Nase weggeschnappt hat. Warum ich nicht eher darauf gekommen bin, denkt Kowalski und blickt rasch zur Seite, als er sich bei heftigem Nicken ertappt.

Aber Kremplowski bemerkt nichts.

Kowalski hält die Schwingtür auf. Kremplowski gibt ihm die Hand, dann geht jeder zu seinem Wagen.

»Schönes Wochenende noch, Kollege Kowalski.«

»Ebenfalls, Kollege Kremplowski, ebenfalls.«

Die Reihe der parkenden Autos löst sich auf.

Kowalski will gerade seinen Anlasser betätigen, als er jemand sieht, der winkend auf ihn zukommt. Stupinski.

Soll bleiben, wo der Pfeffer wächst, denkt Kowalski, kurbelt die Scheibe herunter und ruft: »Gibt's was, Herr Kollege?«

Stupinski japst heran. »Ach, entschuldigen Sie vielmals,

hätten Sie vielleicht, ein alter Lappen genügt. Mir hat ein Vogel an das Fenster, direkt im Sichtfeld, und kein Schwamm mit, gar nichts, ein alter genügt vollauf...«

Kowalski findet, daß Stupinski wie ein Schoßhund auf Treibjagd keucht und freut sich über den gelungenen Vergleich. »Aber selbstverständlich, Moment – hier, der Schwamm müßte noch feucht sein.«

»Danke vielmals, danke.« Er eilt zurück.

Schon wie der geguckt hat, stellt Kowalski fest, so ein Heuchler. Testen will er mich, aber da müssen andere kommen, ganz andere. Den Spaß soll er nicht haben, bei mir nicht.

Nachdem Kowalski eine Weile mit den Händen gegen das Lenkrad getrommelt hat, kommt Stupinski wieder.

»Mensch, war das ein Ding, direkt die Mitte, möchte wissen, wie so was – also vielen Dank für den Schwamm.«

»Nichts zu danken.«

»Doch, doch.«

»Nicht der Rede wert«, Kowalski winkt ab und wirft den Schwamm vor den Beifahrersitz.

»Na, dann noch ein recht schönes Wochenende, Kollege Kowalski«, sagt Stupinski und entfernt sich.

»Ebenfalls, Kollege Stupinski, ebenfalls.« Arschloch, denkt Kowalski. Er will endlich weg.

Doch der Motor springt nicht gleich an.

Und als der Wagen losfährt, jagt Stupinski vor ihm die Straße hinunter.

»Den Hals soll er sich brechen!« ruft Kowalski, erschrickt und schließt hastig das Fenster.

Freundlicher Empfang

Der Nachmittag war zu aller Zufriedenheit verlaufen. Der Hausherr stöhnte weniger als üblich und klagte nur anfangs über Schmerzen, deren Ursache in einer langfristigen Behandlung anderer Beschwerden lag, an die er sich wegen den neuen, stärkeren kaum noch erinnern konnte. Oder ich verstand den Zusammenhang seiner Worte nicht gänzlich, jedenfalls ruhte er im Sessel und seine Gattin lächelte mich an.

Nun, Sie wissen ja wie so etwas ist, sagte sie.

Ja, ja, ich kann es mir gut vorstellen, log ich höflich.

Der vierte Kognak besaß nicht mehr den außerordentlich würzigen Geschmack seiner Vorgänger, wahrscheinlich wechselte man selbst in diesem Haus bei fortschreitendem Alkoholverbrauch die Flaschen, die fünfte Tasse Kaffee schien ebenfalls arg gepanscht. Wenn ich das Wort »erbärmlich« nicht verabscheute, würde ich es zur Charakterisierung der Qualität bedenkenlos verwenden.

Ich überlegte einen Satz, den zu beginnen es angebracht gewesen wäre, vielleicht einen anerkennenden Kommentar zu einem der Bilder, mit denen die Wände ringsum reichlich bestückt waren. Über die sonstigen Themenkreise hatten wir uns bereits ausführlich ausgelassen: Veränderungen in den klimatischen Bedingungen, ein Resümee der politischen Lage, selbst das Problem des sich ständig verringernden Respekts der Jugend gegenüber dem Alter und staatsrepräsentierenden Ämtern wurde gestreift.

Ich wies auf ein Bild, das vier nackte Frauen zeigte, die sich ganz in einen Reigentanz vertieften und äußerte: Sehr apart, sehr kunstvoll.

Es freut mich, daß es Ihnen gefällt.

Meinen Gastgeber bewegte wohl auch der Gedanke einer geeigneten Gesprächsfortführung, er griff die Problematik der nächsten Eiszeit noch einmal auf und begann eine damit in Zusammenhang stehende Begebenheit zu erzählen, von der ihm im Laufe seiner Schilderung der Schluß entfiel.

Ja, ja, die neuen Bomben, seufzte die recht ansehnliche Dame des Hauses, unseren Disput mißverstehend, aber wiederum lächelnd.

Dennoch nahm ich diesen Einwurf zum Anlaß über die Chancen einer vollständigen Menschheitsvernichtung zu meditieren. So gab es für die nächste Stunde reichlich Gesprächsstoff und der achte Kognak schien wieder an Qualität gewonnen zu haben.

Ach ja, sagte die Gastgeberin, als ich ihrem Mann recht gab, daß bakteriologische Waffen für die allgemeine Zerstörung weitaus günstiger als atomare oder chemische Mittel seien.

Doch dann gerieten wir in Meinungsverschiedenheiten über der Frage, wie oft die Menschheit durch das bisher vorhandene Vernichtungspotential ausgelöscht werden könne.

Zwanzigtausendmal, meinte der Hausherr und betastete seinen Bauch, oberhalb des Nabels, da dort erneut ein schmerzhaftes Ziehen zu spüren war.

Dreißigtausend, erwiderte ich.

Selbst unter Berücksichtigung postnuklearer Waffen, zwanzig.

Höflich aber entschieden bestand ich auf meiner ursprünglichen Zahl.

Vielleicht fünfundzwanzigtausend, vermittelte seine Frau, die gerade das Zimmer betrat. Sie hatte ihre Frisur geändert, das bislang zusammengesteckte Haar lag nunmehr offen.

Ich entrichtete ihr mein Kompliment, was sie mit einem

weiteren Einlenken zu meinen Gunsten, sechsundzwanzig, quittierte.

Nein, nein, ihr Mann schwenkte energischer als bisher sein Kognakglas.

Soll ich das Kartenspiel holen, unterbrach die Gastgeberin.

Ihr Gatte blieb hartnäckig: Wir wollen unseren Disput ein wenig beschleunigen, Sie gestatten doch?

Nun, entgegnete ich abwägend, ein Duell in Ehren, kann keiner verwehren.

Der Hausherr lachte und holte die beiden Flinten aus dem Vestibül.

Aber Egon, sie sind doch gar nicht geputzt.

Das Aufgeregte an der Stimme meiner Gastgeberin verblüffte mich so, daß ich erst einen Moment später bemerkte: Sie hatte ihren Mann erstmals mit seinem Vornamen angeredet.

Der verglich in aller Ruhe die beiden Waffen, ab und an am Glas nippend. Prachtstücke, sagte er. Zweifellos, stimmte ich zu, wirklich erlesen.

Der Hausherr setzte das Glas ab: Sind Sie bereit?

Natürlich, für Sie immer, sprach ich vorsichtshalber, ohne genau zu wissen, auf was sich die Frage bezog.

Er bedankte sich und griff zu der Waffe mit den Silberornamenten. Als Herausforderer bleibt mir die Wahl, erklärte er, oder erheben Sie Einspruch.

Aber, ich bitte Sie.

Die Frau reichte ein neues Tablett mit Getränken. Oh, rief sie und hastete zurück in die Küche, da sie den Zucker vergessen hatte.

Wir würfelten, zu diesem Zweck wurden die Waffen noch einmal abgelegt.

In den faustgroßen, mit Ziffern versehenen Klötzern mußten Steine sein, Kiesel, die während des Spiels ein angenehmes Geräusch verursachten. Ich gewann.

Wir nahmen Aufstellung. Wenn ich »wir« sage, heißt das: mein Gastgeber wies mir einen bestimmten Platz zu. Er sah vorher in einem Buch wegen der exakten Entfernung nach.

Der Abstand von Tür zu Tür genügt, konstatierte er, sonst hätte das Regal aus der Ecke gemußt.

Ich pflichtete ihm bei, denn der Ofen gegenüber kam selbstredend kaum in Frage.

Jetzt servierte der Hausherr die Gewehre, für mich das mit dem hell gebeizten Kolben. Ich nahm Grundstellung ein.

Entschuldigung, rief die mit dem Zucker herbeieilende Gattin, das Gebäck wollte ich doch auch kredenzen. Sie schritt zurück in die Küche.

Ob er mir beim Durchladen behilflich sein solle, fragte mein Gegenüber und blickte unwillig zur Tür, die seine Frau zu hastig schloß.

Danke, nicht nötig, lautete meine Antwort. Ich gebrauchte die entsprechenden Hebel.

Worauf warten wir noch, also! Er nickte ermunternd, begleitet von einer Geste seiner rechten Hand, die in Herznähe deutete. Sie können doch zielen!

Ohne Ihnen zu nahe zu treten, ich sprach leiser als sonst, aber ich kann doch nicht wirklich...

Was können Sie nicht, ich bitte Sie. Sie wollen doch nicht etwa meine Gastfreundschaft mißbrauchen.

Keinesfalls, ich gebe nur zu bedenken...

Seine Stimme wirkte plötzlich ungewöhnlich streng, was mich, gelinde gesagt, in Erstaunen versetzte. Es fällt mir von Zeit zu Zeit auf, wie wenig man Leute wirklich kennt, die man gut zu kennen glaubt. Er mahnte: Und nicht schummeln, das vertrage ich nicht, da werd ich fuchsteufelswild.

Bitte um Vergebung, wie sollte ich Sie betrügen wollen, wandte ich mit aller mir zur Verfügung stehenden Freundlichkeit ein und schoß, um keine weitere Unhöflichkeit zu begehen.

Dann setzte ich mich erst einmal.

Die Witwe betrat den Raum.

Aber, das macht doch nichts, unterbrach sie meinen hilflos begonnenen Satz, die paar Flecke. Der Teppich muß sowieso nächstens in die Reinigung. Sie stellte eine Schale mit Plätzchen neben meine Kaffeetasse.

Mein Kompliment, äußerte ich, sehr delikat und anregend, während ich das nächste Plätzchen zum Mund hob, nach weiteren Adjektiven suchend, die geeignet schienen, mein Behagen auszudrücken.

Das Kompliment ganz an Sie zurück, Sie verstehen es eben zu genießen. Die Frau des Hauses goß Kognak nach.

Ihren Bewegungen war eine gewisse Anmut nicht abzusprechen, auch verfügte das Lächeln über eine herausfordernde Komponente, deren Grund ich mir nicht zu deuten wußte.

Greifen Sie nur zu, man muß alles probieren.

Dieses Glas Kognak, das zehnte oder elfte, ich vergaß zu zählen, war großartig. Ich ergötzte mich am merkwürdigen Lächeln dieser Frau und überlegte, was zu tun war.

Drei Generäle

1

Das hätte nicht kommen dürfen. Das nicht. Die Truppen lagerten zerlöchert zwischen den Sträuchern, lädiert und desertiert bei ihren Frauen. Er hatte Kampf bis zuletzt befohlen. Als der Fastletzte fiel, zog er sich zurück und sprengte den Geheimgang, durch den er geflohen war.

Ein Schreckenstag. Die Sonne leuchtete unbarmherzig.

Der General gähnte. Niederlagen ermüden. Dem Herrscher hatte er es gesagt. Gefechtslose Zeiten sind ein Übel, der Soldat verkommt, die Truppe verfällt. Langer Frieden zahlt sich jämmerlich aus. Ordentliche Kriege können nur geführt werden, wenn regelmäßig Kriege geführt werden.

Der General seufzte und ging durch den Wald. Ihn schmerzte besonders, daß nicht einmal ein anständiger Rückzug, eine gelungene Kapitulation zustande gekommen war. Und er hatte auch nicht den Mumm aufgebracht, in hinterster Reihe entschlossen zu sterben. Dem eigenen Herrscher konnte er so nicht mehr unter die Augen treten, weil er nicht bis zum letzten Mann gekämpft hatte. Dem fremden Herrscher konnte er nicht unter die Augen treten, weil er bis zum fastletzten Mann gekämpft hatte. Beide ließen ihn sicher erschießen, des Regelments wegen, das dererlei vorschrieb. Das Volk murrte, etwas zu seiner Beruhigung mußte getan werden, eine Besserung der Lage versprechende Geste. Dafür boten sich geschlagene Generäle geradezu an.

Es blieb sein Versagen, die Konsequenzen galt es zu überdenken.

Der General degradierte sich. Die Schulterstücke saßen

fester als erwartet und flogen mit dem zweiten Ruck in den Tümpel.

Hier, in freier Natur, wenige hundert Meter vom Ende des ehemaligen Geheimganges entfernt, muß eine Entscheidung getroffen werden, beschloß der General. Drei Uniformknöpfe fehlten, der Stoff war zerfetzt, die Naht an zwei Stellen aufgeplatzt – ein niederschmetternd unmilitärisches Aussehen. So konnte er nicht in die Öffentlichkeit und schon gar nicht zu seiner Hinrichtung. Ihm schauderte vor dem unakkuraten Anblick, den die Leiche bieten würde. Und möglicherweise erschoß der eigene Herrscher ihn nicht, weil er bis zum fastletzten Mann gekämpft hatte; vielleicht erschoß der fremde Herrscher ihn nicht, weil er nicht bis zum letzten Mann gekämpft hatte. Vielleicht, unter Berücksichtigung seines Alters, versetzte man ihn in den Ruhestand.

Diese Schande, ihn fror. Er war General und brauchte Soldaten. Lieber sterben wie ein Hund als leben wie ein Mensch. Er nickte.

»Still – gestanden!« befahl der General.

»Abteilung – kehrt!« Die Wendung kam präzise. Er freute sich, daß die Stimme den forschen Klang behalten hatte, nur das Echo vom Exerzierplatz fehlte, was sonst seinen Worten nachdrücklich Wirkung verlieh.

»Ohne Tritt – marsch!«

Es klappte. Die Stiefel befanden sich glücklicherweise noch in einwandfreiem Zustand.

»Abteilung – halt!«

Der General fühlte sich besser. Er war stolz, daß es noch jemand gab, der prompt seine Befehle ausführte. Keine Niederlage vermag das zu vernichten, dachte er.

»Gewehr – über!«

Er überlegte, wie man sich stellen mußte, daß mit größtmöglichster Wahrscheinlichkeit der Körper ins Wasser fiel.

»Legt – an!«

Das Knacken beim Entsichern der Waffe.

»Gibt es Fragen!« brüllte der General.

»Nein«, antwortete er.

Der General träumte einen letzten Wunsch: Trommelwirbel, Exekutionskommando, standesgemäße Verrichtung der Hinrichtung.

»Feuer!«

Als er zögerte, bestrafte er sich wegen Befehlsverweigerung mit dem Tod durch Erschießen und drückte ab.

2

Er zuckt zusammen, verschüttet ein wenig Tee, und trinkt hastig den Rest, ehe dieser etwa noch den Einband beschmutzen könnte. Bevor das geleerte Gefäß auf dem Tisch abgesetzt wird, betrachtet er nochmals das Foto auf dem Umschlag. Er lächelt und blättert weiter im Buch über den Alten. Viel zu viel Fahnen, denkt er, das erträgt kein Volk auf Dauer. Wimpelketten, sie wirken bescheiden und erregen Frohsinn.

Ein Bote tritt ein.

Der Neue bietet ihm Tee an.

Beim letzten gabs Kognak, denkt der Bote, nimmt dankend die Tasse entgegen und trinkt langsam.

Der Neue betrachtet ein Bild, das den Alten vor einer Maschine zeigt: lächelnd, in der Hand ein Büschel Haare. Dieses rotbefleckt, auf dem Farbfoto ist es deutlich zu erkennen.

Barbarisch, denkt er und schüttelt den Kopf, beide Ohren abreißen lassen, und beide auf einmal, er schüttelt heftiger, wie uneffektiv. Er macht einen Witz über die brutalen Herrschaftsmethoden seines Vorgängers.

Der Bote lacht verhalten, verschluckt sich und trinkt rasch aus. Er stellt die Tasse zurück und überreicht das Schreiben. Der Neue liest den Vorschlag seines Ministers: ... in diesem Sinne sind unverzüglich streng zu kontrollierende Maßnahmen zu ergreifen, die alle Foltervorrichtungen in einen hygienisch einwandfreien Zustand bringen. Es ist dafür Sorge zu tragen, daß künftig unbeabsichtigte Infektionserkrankungen vermieden werden.

Er überdenkt den Satz und ergänzt ihn: durch bessere Schulung der Betreuungsmannschaft ist Unfällen auf Grund unsachgemäßer Bedienung entgegenzuwirken.

Er nickt, überfliegt noch einmal das Schriftstück, unterschreibt rechts unten und lehnt sich zurück.

Der Bote grüßt zweimal, bevor er, ohne eine Antwort zu erhalten, das Zimmer verläßt.

Der Mann im Sessel will sich jetzt erst einmal ausruhen und beginnt, mit den Krümeln neben der Teetasse zu spielen.

3

Der General stellt das Fahrrad ab und geht zum Telephon. Er muß sich im Präsidentenpalast erkundigen, wann der Staatsempfang beginnen soll.

Aufpassen, daß der erste Groschen richtig durchfällt, bevor der zweite eingeschoben wird, denkt er, weil keiner aufpaßt, verstopfen immer die öffentlichen Anschlüsse.

Der General wählt.

»Dieser Anschluß ist vorübergehend nicht erreichbar. Dieser Anschluß ist vorübergehend nicht erreichbar.«

Zwischen den Sätzen ein kurzer Pfeifton. Er wählt nochmals.

»Dieser Anschluß ist vorübergehend nicht erreichbar. Dieser Anschluß ist vorübergehend nicht erreichbar.«

»Mist«, sagt er, »immer derselbe Schmand – das Palais gesprengt, mich gestürzt.«

Der General tritt aus der Zelle und knallt die Tür zu. Aber diesmal gehe ich nicht ins Exil. Auf den Gegenputsch können die warten bis sie blau und grün sind vom Regieren. Das reicht jetzt. Ich schule um. Einen Bockwurststand aufmachen. Oder eine Schießbude.

Als der General vor seinem Fahrrad steht, fällt ihm ein, daß der Nachmittag ja nun frei ist, er Zeit hat, den Rahmen zu streichen. Der Dynamo könnte gleich mit repariert werden. Und den Gartenzaun müßte auch wieder einer ausbessern.

Pfeifend fährt er los.

Herr Leibling

Schon beim Bau des Wochenendhauses, der ihm als Auszeichnung für stete Pflichterfüllung vom Betrieb genehmigt worden war, tat sich Herr Leibling durch besonderen Fleiß hervor. Nach dem Einzug sah man ihn meist mit Hacke, Spaten, Gießkanne und Luftgewehr, letzteres für Spatzen, die Gras- und Blumensamen aus der Erde picken wollten. Seinen Garten hielt Herr Leibling mit Eifer instand. Die Ligusterhecke wurde durch einen Holzzaun ersetzt, als der Verdacht bestand, streunende Hunde hätten das Blumenbeet angewühlt. Anschließend führte er eine Schädlingsvernichtungsaktion durch, die den größten Teil der Insekten vernichtete, allerdings durch ausgiebigen Einsatz verschiedenster chemischer Mittel die Gemüsebauerträge auf die Hälfte schrumpfen ließ. Herr Leibling bedauerte dies, doch vor allem sollte keiner sein Eigentum annagen, begehren, stehlen wollen. Deshalb wurde, als sich die Vermutung erhärtete, daß Kinder die Apfelbäume geplündert hatten, der Holzzaun durch einen höheren Eisenzaun ersetzt, der nach oben in langen Spitzen endete. Herr Leibling erkannte als erster die gartenschutzfördernde Wirkung von Stacheldraht in Verbindung mit Zäunen, für die er den Titel »Aktivist der Gartenbewegung« verliehen bekam. Dadurch angespornt, startete er eine zweite, noch erfolgreichere Insektenvernichtungsaktion, nach der jedoch Gemüseanbau nicht mehr möglich war. Weitere Schädlingsbekämpfung würde vorerst unnötig sein – bedrohlicher schienen die Grassamenraubzüge der Vögel. Nachdem Herr Leibling das Luftgewehr als zu uneffektiv empfand, eine im Garten angebrachte Selbstschußvorrichtung wegen ihrer Streubreite polizeilich verboten wurde, rammte er in regelmäßigen Abständen Pfähle in den Boden und spannte Stacheldraht über den Rasen. Die Vermutung, ihm könne weiterhin Baumobst entwendet worden sein, erschien nicht gänzlich unbegründet. Er fällte alle Bäume, die Wurzeln wurden gerodet, was ein besseres Sicht- und Schußfeld ergab und den Vögeln ihren konspirativen Hauptschlupfwinkel raubte. Er grub den Rasen mit den letzten Blumen um, ein Schutzgrabensystem entstand entlang des Zaunes und erleichterte die Früherkennung von Maulwürfen. Verbissen arbeitete Herr Leibling und hatte manchmal das Gefühl, einer würde versuchen, ihm die Erde unter den Füßen wegzutragen. Mehr und höhere Pfähle wurden in den Boden gerammt, Stacheldraht vom Zaun zum Dach gespannt. Nichts wird er sich nehmen lassen, dachte Herr Leibling, selbst die verbliebenen Insekten im Garten durfte nur er ausrotten. Aber die Vögel wollten ihre Beutezüge nicht aufgeben, auch als der Draht durch Stromleitungen ergänzt und mit verschiedenen Chemikalien bestrichen wurde wie der Zaun, bei dem es ihm schon lange Unbehagen bereitete, daß dieser von vorbeigehenden Passanten einfach angefaßt und durch summierende Berührung abgenutzt werden könnte. Metallfäden durchschnitten die Luft, ein Geflecht aus Stacheldraht und elektrischer Leitung entstand, das sich teppichähnlich über Haus und Garten zu legen begann. Gleichzeitig lenkte er seine Wachsamkeit auf unbefugtes Eindringen von unten. Ich werden nicht zulassen, daß die Fundamente meines Hauses untergraben werden, schrie Herr Leibling und stieß im Abstand von zehn Zentimetern dreißig Zentimeter tiefe Löcher in den Boden. Dann setzte er Gas ein.

Die Öffentlichkeit wurde auf ihn aufmerksam, als er gegen Käfer in der Erde vorging. Besucher wanderten zu dem Grundstück, das von außen wie ein Drahtberg aussah, ohne Einblick in sein Inneres. Versuche, zu Herrn Leibling vorzudringen, blieben ohne Erfolg, anfangs antwortete er mit Flüchen und Stinkbomben, später reagierte er weder auf Rufe, noch auf Böllerschüsse oder Rauchzeichen. Das Haus löste als Touristenattraktion das ortsansässige Heimatmuseum ab und wurde unter Naturschutz gestellt. In der Versammlung des Gartenverbandes stellten mehrere Mitglieder die Frage, ob es für das ruhige Gedeihen der Gemeinschaft nicht von Vorteil wäre, man nutzte die Erfahrung des Kollegen Leibling und zöge um die gesamte Siedlung einen Stacheldrahtelektrozaun. Der Wirt des GRÜNEN KRUG schlug vor, wegen der besucher- und umsatzfördernden Aktivitäten Herrn Leibling als »Hervorragenden Aktivisten der Gartenbewegung« auszuzeichnen. Der Betreffende selber wurde nicht mehr gesehen – letzte Gerüchte wollen vom Auslegen von Minitretminen für Ameisen wissen.

Prompt

Das Schreiben überflog er nur und gab es weiter, der Sekretär sollte alles Nötige veranlassen.

Wie üblich beorderte man die in Frage kommenden Personen in das entsprechende Zimmer, er nutzte die Zeit, einen Kaffee zu trinken. Mit drei Stück Zucker, dazu ein belegtes Brötchen. Da die Salami alle war, entschied er sich für Leberwurst.

Recht leer die Kantine, wie meist um diese Zeit, und er überlegte, warum es trotzdem keine Salami mehr gab. Dann dachte er an den noch zu erledigenden Schriftwechsel des Tages und ging pünktlich zurück.

Alles war vorbereitet. Man hatte zwanglos Aufstellung genommen.

Der Sekretär überreichte ihm das Blatt.

Er begann, zuständigkeitshalber den Befehl zu verlesen. Seine Stimme blieb unbeteiligt. Vorschriftsmäßig wurden die Namen wiederholt, hastiger jetzt, einer schien ihm bekannt vorzukommen, doch hielt er sich mit Nachdenken nicht auf – die Sache sollte ohne Verzug erledigt werden. Er wollte heute früher zu Hause sein und vorher noch die neuen Briefmarken auf der Post abstempeln lassen.

Als er fertig war, sah ihn der Sekretär an.

Er nickte, faltete das Papier zusammen, steckte es in den Umschlag und übergab ihn dem Sekretär.

Der dankte.

Dann traten sie auf ihn zu. Er wußte nicht gleich, worum es ging. Man klärte den Sachverhalt: Schließlich hatte er das Urteil selbst verlesen.

Er wurde aus dem Zimmer geführt.

Fünf Räume weiter, das Gebäude war praktikabel angelegt. An einen Irrtum zu glauben, blieb kaum Zeit.

Kurz vor der Hinrichtung kam sein Sekretär angerannt: Empfang und Ausführung der Weisung müßten noch bestätigt werden.

Er quittierte.

Der Sekretär verabschiedete sich.

Katzengeheul

Sie hat mich geärgert. Ich habe mich gerächt. Sie ist überlistet worden. Während sie in die andere Richtung geblickt hat, bin ich ihr auf den Schwanz getreten. So einfach ging das. Jetzt jammert sie.

Sie versucht, mich zu beißen. Sie dreht den Kopf herum und versucht, ans Bein zu kommen. Sie schafft es nicht.

Immer wieder versucht sie es. Doch sie jammert kaum noch. Durchhalten.

Sie hat es aufgegeben, mich beißen zu wollen. Vermutlich vergrößert jeder Versuch ihren Schmerz. Ich spüre ein Gefühl der Genugtuung. Das hat sie davon. Wovon weiß ich nicht mehr.

Ich bleibe auf ihrem Schwanz. Sie bewegt sich nicht. Ich werde es ihr schon zeigen. Wieso ist ihr Schwanz so lang, daß ich mit beiden Füßen Platz habe.

Nicht nachlassen. Ich gewöhne mich an meinen Standpunkt. Sie liegt am Boden und ist still. Ich möchte ein Lied singen und stelle fest, daß mir keins einfällt.

Eine Stunde. Beim Gähnen nehme ich die Hand vor den Mund. Sie braucht nicht zu merken, daß ich gähnen muß. Ich summe ein Lied, dessen Melodie ich auf einmal kann.

Die Uhr ist stehen geblieben. Das empfinde ich als lästig. Gerade jetzt. Außerdem überkommt mich ein seltsamer Verdacht. Ich möchte ihn nicht näher ausdrücken. Eben hat die Katze sich wieder umgedreht und mich angeschaut. Seltsam. Warum habe ich die Uhr nicht rechtzeitig aufgezogen.

Ach ja. Es wird mühsam. Aber man muß konsequent bleiben.

Drei Stunden. Oder vier. Vielleicht ist schon Nacht. Man verliert die Orientierung. Hoppe, hoppe, Reiter – wenn er fällt, dann schreit er. Jetzt kann ich sogar den Text des Liedes. Ich muß meine Konzentration schulen. Fischers Fritze fischte frische Fische. Ich spüre die Katze unter meinen Füßen. Es wird ihr eine Lehre sein.

Sie hat mich wieder angeschaut, in den Augen weder Schmerz noch Zorn. Die Beine beginnen taub zu werden. Leichte Bewegungsübungen beugen dem vor. In die Hocke gehen, sich wieder aufrichten. In die Hocke gehen. Wieder Aufrichten. In die Hocke. Aufrichten.

Ich muß aufpassen. Ich habe so ein Gefühl. Aber nichts Genaues.

In einem Wald durch dichter werdendes Gestrüpp gehen. Pflanzen streifen Arme Beine Kopf. Plötzlich nicht mehr weiterkommen. Katzenschwänze, die einen umkrallen. Die Schwänze werden größer und drücken zu. Das Atmen fällt schwer. Der Gedanke an eine im Gelee erstickende Fliege. Von oben stürzen Katzen herab und bellen.

Ich bin eingeschlafen. Das darf ich nicht. Acht geben. Komisch, daß sie nicht zu fliehen versucht. Mit der Zeit kommt einem das Gefühl für die Zeit abhanden.

Stehen gehen sehen blähen drehen ehen nähen mähen zehen flehen rehen drehen – das hatte ich schon. Das Ganze beginnt ermüdend zu werden. Ich könnte heruntersteigen. Wenn sie wenigstens versuchen würde zu fliehen. So ist es ihr vielleicht schon egal.

Es muß bereits Nacht sein. Die Beine schmerzen. Ich bin zu müde, um wütend zu werden.

Beinahe wäre ich wieder eingeschlafen. Die Laute der Katze wecken mich. Ich habe schon Halluzinationen. Ich bilde mir ein, der Katze macht es Spaß. Ich sollte aufhören, sie zu ärgern.

Katzenhaare vor den Augen. Ich liege unter einem Berg von Katzenleibern. Ich stürze in einen Brei aus Katzenschwänzen. Sie bewegen sich. Ich ersticke nicht. Ich verstopfe meinen Mund mit Katzenköpfen. Ich ersticke nicht.

Ich will ein Bein heruntersetzen. Die Katze faucht sofort. Vor Schreck lasse ich das Bein stehen. Was hat das zu bedeuten.

Achthundertdreiundsechzig achthundertvierundsechzig achthundertfünfundsechzig.

Es scheint wieder heller geworden zu sein. Eine Veränderung bemerkte ich nicht. Mit etwas Mühe kann ich mich noch konzentrieren.

Ich will herunter. Ich habe ein Bein schon angehoben, als sie den Kopf herumdreht. Sie will mich beißen. Sobald ich heruntertrete, wird sie beißen. Ich verstehe das nicht.

Tag Nacht Wegkönnen. Ich spüre den Atem. Es ist heiß. Nein. Nicht heiß. Eigentlich. Es fällt schwer, in zusammenhängenden Sätzen zu denken.

Beinahe wäre ich gestürzt. Die Katze faucht. Sie ist unberechenbar. Es grünt so grün, wenn Spaniens Himmel blühn. Das stimmt nicht. Wie heißt das richtig. Ich komme noch drauf.

Abschalten. Einfach an nichts mehr denken.

Die Katze bewegt sich nicht. Ich bewege mich nicht.

Wo sind meine Beine. Ich muß mich zusammennehmen. Vorhin hatte ich den Namen vergessen. Gern würde ich eine Zeit auf den Händen stehen.

Die Katze lacht. Sie grient mich an. Sie rülpst. Sie flezt sich unter mir hin. Ist das überhaupt noch eine Katze.

Ich springe aus dem Topf und betrachte interessiert meine Beine. Der Topf besteht aus nebeneinandergeknöpften Katzenaugen. Ich überlege, wo ich bin.

Ich auf der Katze. Auf der Katze ich. Ich der Katze auf. Ich auf Katze der. Katze der auf ich. Katze Latze Tatze Matratze.

Ein Gebilde aus ineinander verknoteten Rattenschwänzen. Hocke, hocke, Reiter. Wieso plötzlich Rattenschwänze. Ich bleibe. Verbleibe. Was für ein Hundejammer.

Schanz Katse Ich
falle

Endlich wieder bewegen können. Der Körper beginnt zu leben. Die Gegenstände im Zimmer sind eigenartigerweise größer geworden. Miauen macht viel mehr Spaß als sprechen. Wo bleibt meine Milch. Ich habe das Bedürfnis eine Maus zu fangen.

Böse Geschichte mit gutem Ende

Der Spitzel, um den es geht, war kein gewöhnlicher Spitzel, sondern der beste des Landes. Er säuberte fünf Mal am Tag die Ohren und konnte drei Gespräche gleichzeitig mitschreiben. Aus siebenhundert Meter Entfernung hörte er, wenn einer gegen den Wind hustete oder nur so vor sich hin fluchte. Sein außerordentliches Riechvermögen erlaubte ihm festzustellen, ob man mit der gerade dem Briefkasten entnommenen Tageszeitung das Feuer anzündete, ohne sie also vorher mit gebührender Gründlichkeit studiert zu haben.

Wenn dieser Spitzel lautlos die Straßen entlangschlich, sah ihn keiner, jedenfalls nicht in seiner normalen Gestalt, die er selbst kaum noch kannte, da Namen und Aussehen täglich mehrfach wechselten. Anfangs imitierte er Straßenkehrer, mürrische Greise, Debile, Kindergärtnerinnen, Sarghändler; später verwandelte er sich in Gegenstände, tarnte sich als Papierkorb, Parkbank oder Strauch, um eine Unterhaltung unbemerkt zu verfolgen. Seine Fähigkeit, stundenlang als Gegenstand auszuharren, vervollkommnete er zusehends. Selbst gelegentliche Tritte, ihre Notdurft verrichtende Hunde, vermochten ihn nicht aus der Ruhe zu bringen. Einmal sträubte er sich allerdings gegen den Abtransport durch zwei Männer, die vor Verblüffung fast erstarrten, als ihr vermeindliches Stück Schrott, dessen genaue Beschaffenheit sie gerade prüfen wollten, sich als eine Person entpuppte, die, ohne sie eines Blickes zu würdigen, davoneilte.

In der Regel verlief sein Dienst ohne Komplikationen.

Seine Berichte schätzte der Regierer so, daß er stets persönlich zum Landeshöchsten vorgelassen wurde. Natürlich unter Wahrung strenger Geheimhaltung; selbst Minister sollte es geben, die anderes beabsichtigten als sie zu tun vorgaben. So wurde der Spitzel auf Grund seiner Begabung nur in höchsten Kreisen eingesetzt und erhielt vom Regierer den Auftrag, vor allem den Geheimdienstchef zu überprüfen: schließlich lebe man in einer Demokratie, jeder sei zu kontrollieren. Sein unmittelbarer Vorgesetzter, der Geheimdienstchef, befahl wiederum, schwerpunktmäßig das Verhalten des Regierers zu beobachten: Demokratie bedeute, keinen von der Observation auszunehmen.

Leider konnte der Spitzel diese ungemein reizvolle Situation nicht in ihrer ganzen Pikanterie auskosten. Sein sich weiter verfeinerndes Gespür für eine Tarnung in geschlossenen Räumen behinderte eine umfassende Erfüllung der Aufträge. So sprach er nicht mehr, war kaum noch in der Lage zu flüstern, hörbar einen Raum zu betreten – ja, anderen als Mensch gegenüberzutreten. Er hielt sich als Möbelstück im Zimmer auf, man saß auf ihm, stellte Teller ab, drückte Zigaretten aus.

Anfangs knarrten die Dielen lauter als gewöhnlich, wenn er seine Stellung veränderte; das war die Zeit seiner in Landessprache verfaßten Berichte, die in den Diensträumen der Vorgesetzten deponiert wurden, wo man ihm die neuen Weisungen hinterlegte.

Später benutzte der mehrfach mit dem »Goldenen Ohr« dekorierte Kundschafter ausgeklügelte Codes, um möglichen Mißbrauch zu vermeiden. Er verzichtete schließlich ganz auf das Schreiben und punktierte die Informationen auf Mikrofilm, den er an wechselnden Orten versteckte, so daß Regierer und Geheimdienstchef nur durch Zufall in Besitz der ohnehin kaum zu entschlüsselnden Daten gelangten. Der Spitzel recherchierte mit einer Sorgfalt, die ihn zu diesem Zeitpunkt nicht mehr ängstigte, obwohl er Wochen reglos als Klappstuhl im Zimmer des Regierenden weilte und über eine absolut sichere Form der Berichterstattung nachdachte, bei der er weder zu sprechen, zu schreiben, noch sich zu bewegen brauchte. So etwas wie Gedankenübertragung, was letztlich an der mangelnden konspirativen Sensibilität seiner Auftraggeber scheiterte.

Regierer und Geheimdienstchef vergaßen die Existenz ihres fähigsten Informanten und ließen in dessen Akte einen Vermerk anbringen: vermißt, vermutlich bei einem der Straßenkämpfe gefallen. Der Sache nachzugehen blieb keine Zeit. Die Führung des Staates wurde vom in immer größerer Zahl demonstrierenden Volk bedrängt und gestürzt.

Jetzt das angekündigte gute Ende: schöne Zeiten begannen, ohne Geheimdienst und Regierer, die Angst um ihre Macht haben mußten. Der Spitzel aber, durch mangelndes Bedürfnis an Denunziation des Sinns seiner Tätigkeit beraubt, der ihm wirklicher Antrieb zu stets ausgetüftelteren Tarnungsmethoden gewesen war, dieser Spitzel degenerierte allmählich zu einem Menschen, der erkannte, überflüssig geworden zu sein.

Er trat in einem Variete auf und zeigte der staunenden Öffentlichkeit, wie man sich in einen Tisch oder Garderobenständer verwandelte. Doch starker Applaus verhinderte nicht die zunehmende Lustlosigkeit seiner Darbietungen. Eines Tages weigerte er sich, weiter als Kuriosum der Öffentlichkeit präsentiert zu werden.

Es blieb sein noch immer beachtliches Geruchs- und Gehörvermögen, er durfte in einer Klinik arbeiten. Nach Erlangung gewisser Routine vermochte er anhand des bloßen Mundgeruches die Diagnose bei Magenerkrankungen zu stellen. Ferner beauftragte man ihn, allen Patienten den Brustkorb abzuhören, ob da ein Geräusch wider die Vorschrift sei. Er brauchte dazu nur seine Ohren. Unnötig zu erwähnen, daß er seinen Dienst korrekt versah.

Ein Vormittag

Als L. den Bürgersteig entlanggeht, verrät sein Gesicht, worüber er nicht spricht: Freude. So offenkundig, daß man verblüfft sein könnte, ein tiefes Behagen, das nach dem Ausdruck der Augen durch nichts so schnell zu stören ist – nicht durch eine auf ihr Kind einschlagende Mutter, nicht durch den taumelnden Mann, der mit seinen Armen die Luft schneidet und Sätze lallt, in die abwechselnd der Name einer Frau und der einer Schnapssorte geraten.

Auch nicht durch eine Person neben einer anderen Person, die wenige Meter hinter dem torkelnden Mann steht und die L. anspricht. Warum er denn so freudig dreinschaue.

L. zuckt mit den Schultern und lächelt.

So, so, mir nichts, dir nichts – das könne er ihm nicht einreden.

Er wolle auch gar nichts einreden.

Aber freuen wolle er sich, einfach, ohne einen Grund nennen zu können. Womöglich lache er über sie, gab der zweite zu bedenken, weil er sie als lächerlich empfinde.

L. schüttelt den Kopf und meint, weiterlassen solle man ihn. Bitte.

Das könne dem da so passen, der eine blickt zu dem anderen wie der andere zu dem einen, wenn er nicht über sie erheitert wäre, dann womöglich, ja dann – ohne Grund.

Vielleicht.

Was er sich einbilde. Angeber, der. Spinner. Sich freuen, ohne dem anderen eine Chance zu lassen, daran teilzuhaben.

L. lächelt schon nicht mehr, als er fragt: Was er jetzt darauf antworten soll.

Eben, sagen die Männer: der eine zuerst, der zweite sofort danach, aber lauter. Sie gehen einen Schritt auf ihn zu, so daß sie keinen weiteren Schritt auf ihn zugehen können.

Das würden sie sich nicht bieten lassen.

Aber er könne da nichts machen, oder.

Dann müsse ihm die Kraft ihrer Fäuste bewiesen werden. Vielleicht wählte der eine Herr auch ein geläufigeres Wort für die beabsichtigte körperliche Züchtigung, der andere jedenfalls hatte schon eine passende Geste parat, den Ort des Aufschlags seiner Faust andeutend.

Warum, spricht L. und auf seinem Gesicht war neben dem Staunen schon ein Ausdruck von Hilflosigkeit, der an Erschrecken grenzt.

Da tritt der eine zwei Schritte zurück, die wieder geöffnete Faust als Hand in die Hosentasche steckend. Sein spöttischer Blick, Sekunden nur der, dann die beiläufige Rede. Er solle gehen, und zwar besser schnell als langsam.

L. tut dies, ohne zu große Eile, aber auch nicht langsam, als ob er der Aufforderung zuwiderhandle.

Hinter sich hört er noch das Lachen der beiden, bis daraus das anhaltende Gelächter des einen wird, der sich hemmungslos seiner Freude hingibt: so, daß er kaum imstande ist, einen beabsichtigten Satz zu sprechen. Etwa: Dem ist es aber vergangen.

Er schien nicht aufhören zu wollen, als der andere seine rechte Hand nutzt, zu einem Schlag in das Gesicht des Lachenden. Du Idiot, sagt er und, ohne eine weitere Reaktion als das Abbrechen des Gelächters abzuwarten, dreht er sich um, geht.

Einen anderen Weg als L.

Schlachthofmonolog

1
Der Löwe geht unters Volk. Er nimmt mal den, mal den. Schließlich jeden. Warum auch nicht, keine Privilegien, alles der gleiche Fraß. Denkt der Löwe und frißt fort. Tierfleisch mag er nicht, in diesem Sinne möchte er als Genießer verstanden werden. Es gibt Leute, die behaupten, der Löwe sei kein Löwe, sondern die ältere Form eines Hamsters. Beziehungsweise die Metamorphose einer verschreckten Ameise. Oder – Vermutungen gibt es reichlich.

2
Auf dem Vorplatz sitzend, will ich noch einmal alles überdenken. Ich bin der Letzte. Angenehm ist es nicht, auf den Löwen zu warten, wenigstens sind Bänke aufgestellt. Illustrierte verkürzen die Zeit. Gerade habe ich zwei interessante Reiseberichte gelesen, der Name des Landes ist mir entfallen. Jedenfalls bin ich bereit, gewürzt und gepfeffert; zur Not kann nachgesalzen werden. Die Handteller sind mit Majoran bestrichen, das mag er. Ansonsten kenne ich so genau seinen Geschmack nicht, die Zeitungen schweigen sich in der Beziehung weitgehend aus. Daß er Paprika nicht will, weiß man, doch schon bei Kümmel und Knoblauch wurde ich unschlüssig. Im Handbuch für organische Nahrungsmittel steht dazu nichts. Es heißt abwarten. Ich habe mich weitgehend an die Empfehlungen aus dem Handbuch gehalten: die Kleider abgelegt, mich gründlich mit geruchloser Seife gewaschen, stark nach Schweiß riechende Körperteile mit einem appetitanregenden Desinfektionsmittel be-

sprengt, die Körperbehaarung abrasiert. An vieles muß man vorher denken: das Entfernen der Haupthaare gründliche Darmentleerung das Schneiden der Fingernägel. Er kaut nicht immer richtig und seine Speiseröhre soll empfindlich sein. Es erweist sich auf jeden Fall als besser, alles ordentlich herzurichten, ihn nicht unnütz zu verärgern – er ist auch nur, was er nicht gern ist, sagt er. Außerdem gerät er schnell in Wut und belästigt einen dann längere Zeit mit seinen Ausdünstungen. Oder kaut ausgiebig auf dem kleinen Finger herum. Genauso sollte man beim Verschlucken nicht zappeln, das kitzelt den Gaumen, und er kommt ins Lachen. Auf diese Weise sind schon Personen halbzerkleinert wieder ausgespuckt worden. Unnötige Schmerzen. Ich bin jedenfalls bereit. Hoffentlich geht es bald los, die Illustrierten sind alle. Es wird kühl, nur im Bademantel und mit Holzpantoffeln an den Füßen. Ich hätte Socken mitnehmen sollen. Lange kann es nicht mehr dauern. Gewisse Genugtuung verschafft mir die Gewißheit, daß ich nicht sonderlich bekömmlich sein werde. Sowohl der große Zeh des linken als auch der des rechten Fußes sind mit Heftpflaster umwickelt, unter dem sich Tabletten aus essigsaurer Tonerde befinden. Darauf reagiert er allergisch. Das ist bekannt. Ich hätte die Füße ganz in Essig einlegen können, aber das riecht man, und ein vollständig verbundener Fuß fällt auf. Das mit dem Zeh scheint die günstigste Variante: Wenn er sich so weit vorgefressen hat, bin ich ohnehin nicht mehr. Ein wenig rächen möchte man sich schon. Nicht, daß ich ihm böse bin – doch schließlich frißt er mich und nicht ich ihn. Die Zehen bemerkt er nicht, der Geschmack ist noch vom Blut betäubt. Später erst, wenn es sich unangenehm bewegt im Magen, wenn er aufstoßen muß. Sogar übel könnte ihm werden, das wäre ein schöner Erfolg. Aber nun sollte er anfangen. Immer dieses Warten. Und die kalten Beine. Hoffentlich hat er sich die Zähne geputzt, da bin ich empfindlich. Warum hier keine Uhr angebracht ist.

Historie

Wer hörte nicht schon davon: das Land, wo das Gesetz vorschreibt, der Kopfbedeckung des Staatshöchsten seine Ehrerbietung zu erweisen. Im Klartext: Jeder, der den Hut des Regierenden passiert, hat ihn zu grüßen. Das Objekt dieser Huldigung selbst ist fast schmucklos, nicht beachtenswert, ohne seine Dienststellung, er deutet auf Sparsamkeit des Herrschenden, eine Tugend, die dann auch vom Volk reichlich erwartet wird. Also dieser graugrünliche Gegenstand, dessen Nachbildung in diversen Geschäften für jedermann erhältlich, der an einem braun gebeizten Stock hängend, auf einem marmorierten Sockel befestigt, somit nicht ohne weiteres übersehbar, an verkehrsgünstiger zentraler Stelle steht und so einen großen Teil der Bevölkerung zum deutlichen Beweis ihrer Übereinstimmung mit der Autorität des Landes animiert. Gegenüber ein kleines Rechteck, fast gänzlich aus Glas, Hausersatz für zwei bis drei Personen, die so die Gesichter der Vorbeigehenden gut betrachten können, aber die Vorbeieilenden vermögen nichts von den Insassen zu sehen, die sich zwecks Beobachtung des Hutsokkels in jenes Minihaus zurückgezogen haben – eine Tarnung, die allseits erkannt werden will.

Jedenfalls registrieren die Beamten alle Vorbeischlendernden oder -eilenden und überprüfen, ob auch ein jeder die kurze Verbeugung in Richtung Sockel vollführt und, gegebenenfalls, die eigene Kopfbedeckung für den Augenblick einer Grußerweisung anhebe. Nur Uniformierte dürfen, ja sollen, die Mütze dort behalten, wo sie nach Vorschrift hingehört, dafür muß die Hand in Schläfenhöhe, die

Finger werden gerade gehalten, ebenso die Beine, die exakt nebeneinander stehen. Doch so genau nehmen es die Beobachter nicht, schließlich bedarf es der Überwindung gewisser Trägheit, sich aus der Anonymität ihrer Glaszelle zu begeben, zu einer Aktivität verpflichtet, die meist im Zurechtweisen des Nachlässigen besteht, selten in anderer Bestrafung.

Der Regierende hört von unguter Stimmung und beschließt, entgegen dem Rat enger Vertrauter, in die Stadt zu gehen und sich unters Volk zu mischen. Er tut es nicht ohne gewisse kosmetische Manipulationen, denn sein Bild hängt an jeder dritten Wand, was ihm peinlich ist, als er durch die Hauptstraßen läuft. Jedoch bleibt er erstens unerkannt, zweitens beachtet keiner die Porträts. Dennoch befriedigt der Gedanke, sich jederzeit aus der Vielzahl umhereilender Menschen herausheben zu können. Zunächst entledigt er sich der Gruppe unauffällig gekleideter Herren, die ihm im diskreten Abstand folgen. Das gelungene Abschütteln stärkt das Bewußtsein eigener Fähigkeiten und regt die Neugier an. Der Regierer hört mit Vergnügen die einmal nicht von Höflichkeit entstellte Sprache des Landes, zusammenhanglos wirkende Sätze, die sich auf banale Dinge beziehen. Nichts von politischer Aufmüpfigkeit. Erfrischend, ab und zu einen Fluch zu erhaschen.
So ist er regelrecht fröhlich, als einer der diensthabenden Nichtuniformierten seine Schulter berührt, ihn durch das Zeigen eines Ausweises stoppt, und der Regierende sieht, wie zwei weitere Personen aus dem Schutz des Häusleins treten, das ihm beim Vorbeigehen nicht auffiel. Warum er die Kopfbedeckung des Regierenden nicht gegrüßt habe. Was das zu bedeuten habe, daß er seinen Schritt vor dem Sockel beschleunigt und demonstrativ gelächelt hat. Noch drei Fragen, die Forderung nach seiner Legitimation, und nun mußte der Angesprochene lachen, in eine derart komische Situation zu geraten gelingt ihm nicht jeden Tag. Sehr

gut, sagt er zu den fünf ihn umstellenden Männern, ihr müßt hart durchgreifen, werde euch belobigen lassen. Dann steigerte er die Intensität seines Lachens, so daß sich Passanten hinzugesellen, die Chance einer amüsanten Abwechslung witternd. So eine Frechheit sei ihm noch nicht begegnet, meinte der Ranghöchste der jetzt acht Herren in Zivil. Eigentlich habe er es bei einer Geldbuße bewenden lassen wollen, aber dieses Subjekt da zeige keine Spur von Einschüchterung, geschweige denn Reue. Als ein junger Beamter um die Handgelenke eine Vorrichtung legen will, die rechten und linken Arm aneinanderbindet, wich die Ausgelassenheit des Regierers einem Verärgertsein. Schließlich möchte er weiter.

Und stößt den Mann weg, der verblüfft stehenbleibt, wo er hingeschubst worden ist und hört, wie der fast Arretierte äußert, es sei genug, er grüße, wen er wolle, und sei in der Regel derjenige, der gegrüßt werde. Und zur Bestätigung geht er einige Schritte auf das Huldigungsobjekt zu und – einem idiotischen Drang nachgebend – spuckt aus, in der deutlichen Absicht, den Hut zu treffen, den er verfehlt.

Die für Ruhe und Ordnung Zuständigen vermögen später kaum zu sagen, warum ein sofortiges Eingreifen unterbleibt. Verblüffung spielt ebenso eine Rolle wie Neugier, zu welchen Taten jene Person noch fähig sei. Das Zögern bereuen sie rasch, da es nicht mehr gelingt, des Mannes habhaft zu werden, den erregte Leute – ihre Zahl berechtigt von einer Menge zu sprechen – beschimpfen, halten und in die Hocke zwingen. Ersatz für seine unterbliebene Grußerweise. Die zwölf Beamten versuchen durch gutes Zureden den Mann in Gewahrsam zu nehmen, aber zögerndes Mühen vermag nicht eine handelnde Menge zu stoppen, die die Gelegenheit nutzt, ihrer Liebe zum Staat eindeutigen Ausdruck zu verleihen. Die Herren in Zivil mahnen zu Beruhigung, was im zunehmenden Gebrüll nur zur Beschwichtigung der eigenen Person wichtig ist, die spätere Befragungen zum Verhalten einkalkuliert. Die neunzehn Männer entsinnen sich ihres Grundsatzes, Zurückhaltung zu zeigen, wenn rasches Eingreifen nicht mehr möglich und Sicherheit des Landes sowie seiner Repräsentanten nicht bedroht sind. Und die Rufe der auf den Mann Einprügelnden verheißen Empörung über sein die geltenden Regeln verächtlich machendes Verhalten. Seine heftige Gegenwehr spornt alle mit ihm Befaßten zu stärkerem Einsatz an, und drei der jetzt siebenundzwanzig Beamten ziehen sich in den Kasten zurück, der ihnen in diesem Moment nur ein »Kästchen« zu sein scheint, dessen schußfestes Glas man dankbar registriert. Die übrigen fünfundzwanzig, einer tritt gerade hinzu, beobachten nicht ohne Erstaunen das leidenschaftliche Engagement des Volkes für die Würde des Höchsten. Die Schreie des Mißhandelten hören sie freilich nicht, ebenso wie zwischendurch ausgestoßene Sätze, in denen er abwechselnd die Machtorgane der Laschheit bezichtigt und sich als Regierenden bezeichnet. Es wäre für jene Herren wohl nur ein Anlaß, nachzusinnen, was da die unverschämtere Beleidigung darstelle. Bis zu ihnen dringt aber das Gerücht, dem Mann seien falscher Bart und Perücke abgerissen worden. Näheres können die Zivilisten vor der Glasscheibe denen hinter ihr nicht melden, so daß weitertelegraphierte Fakten wirre bleiben. Und während die Bewacher, achtunddreißig, konkrete Weisungen abwarten, sind besonders hurtige der Menge damit beschäftigt, dem Gemaßregelten etwas um den Hals zu legen, das herunterzuzerren er sich schon nicht mehr bemüht. Aus seinem Mund dringt ein leises Lallen. Die vierundzwanzig Beamten vor der Glashütte gebrauchen ihre Schußwaffe nicht, als die Mütze des Regierenden vom Sokkel entfernt und dem Opfer aufgesetzt wird, das keinen Widerstand leistet. Sie staunen kaum über die Geschlossenheit des Sprechchores versammelter Menschen, der seit Minuten Hochrufe auf das Staatsoberhaupt artikuliert. Mit unerschütterlicher Intensität. Die Fahnenstange erweist sich als solide und fähig, das Gewicht eines Mannes zu halten, den eine Schlinge vor dem Sturz bewahrt. Die Leiche wird vom Wind nicht bewegt, die Mütze sitzt wie angeleimt, selbst monoton wiederholte Schreie »Hoch unser Regierer!« fügen sich ein in das Bild allgemeiner Erstarrung.

Auch die vierundsechzig Herren in Zivil, ergänzt durch ein bescheidenes Aufgebot Uniformierter, erinnern an eine keiner Regung fähige Statuette, ehe ein Geräusch ihre Augen aus der Blicklosigkeit erlöst.

Der Jubel

Am Anfang war alles wie immer. Der übliche Beifall, wer will schon zuerst aufhören. Ein paar möchten sich hervortun, andere machen aus Langeweile eifrig mit.

So geht das eine Zeit.

Schön, diese Begeisterung, denkt der Redner.

Langsam schwillt die Lautstärke an. Keiner weiß warum.

Die ersten Handballen werden taub. Es beginnt, in den Ohren zu schmerzen.

Der Sache tut das keinen Abbruch, jeder klatscht so gut er kann.

Zwei kippen um. Man bringt sie weg.

Bei den nächsten drei stutzt der Krankentransport – und klatscht mit.

Der Beifall steigert sich. Kräftiger wird Hand auf Hand geschlagen. Wütender.

Künftig Handschuhe, denkt der Redner, bevor er ohnmächtig auf das Parkett fällt.

Einige zerreißen ihre Kleidungsstücke, klopfen wild auf die Oberschenkel.

Die Schläge hageln dichter.

Immer schneller. Und dichter.

Fensterscheiben zerspringen. Die ersten erschlagen sich.

Andere verkraften mehr. Um den ständig zunehmenden Lärm auszuhalten, öffnen sie den Mund möglichst weit. Das wissen sie noch von der Armee.

Verbissen wird weitergemacht. Dennoch, trotzdem, jetzt erst recht.

Verbissen und schlagfest.

Auch als das Gebäude zusammengebrochen ist.
Wohnzimmerspiegel zerspringen.
Häuserwände der Nachbarstadt erste Risse zeigen.

Die Schlacht

Sie waren ausgezogen, den Gegner zu finden. Der sollte eingefallen sein im Land. Sie suchten, was den Verdacht der Aggression erhärtet hätte. Doch das Land war geräumig, die Armee teilte sich. General a) stieß nach rechts vor, General b) nach links. Beide forschten ein, zwei Jahrhunderte, bis General b) Gerüchte vom Gegner zu Ohren kamen. Die Verfolgung des (mit zunehmend an Gewißheit grenzender Wahrscheinlichkeit) vorhandenen Feindes begann und wurde von Jahr zu Jahr intensiviert. Das Ziel: ihn aufspüren, vernichten – was weder in den großen Städten, noch in abgelegenen Gegenden gelang. Aber im Gestrüpp fanden sich in steigender Zahl Spuren, die von fremdartigem Durchkommen zeugten. Leute wollten den hastig fliehenden Feind gesehen haben.

Die Suche ging ohne Unterbrechung weiter, ein paar Generationen Krieger starben den Heldentod, Uniformen wurden erneuert, die Orden blieben. General b), nicht völlig sicher, ob es sich bei ihm um ihn selbst oder seinen Sohn handelte, zeigte sich unbeirrbar. Er erkundete. Forschte nach. Tastete sich vor. Spürte auf.

Das Land schien geräumiger geworden zu sein, es hatte nun die Form einer Kugel und ein paar Meere lagen dazwischen. Doch dem Feind war man auf der Fährte, dafür gab es untrügliche Indizien, Schlachtvorkehrungen wurden getroffen: natürlich ein überraschender Angriff.

Und es kam der Tag, Kundschafter erblickten ihn vor einer Anhöhe. Wie man sich den Gegner vorgestellt hatte, wirkte der: nicht direkt furchteinflößend, einem nicht einmal unähnlich, sogar die Fahnen seltsam vertraut, aber auf eine eigentümliche Weise lächerlich, irgendwie nicht ernst zu nehmen, und heruntergekommen, ja, heruntergekommen; kein Schreckensbild, doch gerade deshalb etwas schwer zu Bezeichnendes, etwas Verworfenes, Gefährliches, das aus der Ferne kaum zu sehen aber sichtbar vorhanden war, was ihn als Gegner kenntlich machte.

General b) hielt hundertdreiundfünfzig Pläne für diesen Fall bereit, darunter einhundertdreizehn Angriffsvarianten; er entschloß sich zur vierundsechzigsten.

Unverzüglich begann die Schlacht. Man zeigte sich optimistisch, auch als der Überraschungsangriff durch einen Überraschungsgegenangriff geschickt pariert wurde. Pfeile flogen, Schüsse, rollende Panzer, die Generäle brüllten Befehle.

Zwei Stunden und ein Ende war nicht abzusehen.

Drei Stunden: beträchtliche Verluste auf beiden Seiten, die Reserve griff ein.

Nach vier Stunden das allmähliche Erschlaffen, ohne daß einer einen Vorteil gewonnen hätte: die Schwerter kreuzten sich kraftlos, zwischen den Toten stöhnten Verwundete, müde detonierten die letzten Handgranaten.

Beide Generäle erkannten jetzt die gerissene Taktik des Feindes, der nicht nur genauso stark wie das eigene Heer zu sein schien, sondern auch in allem anderen versuchte so zu operieren wie man es selbst geplant hatte.

Pflichtbewußt bestieg der eine General sein Pferd, fest entschlossen, den Kampf zu entscheiden. Ohne Zögern bestieg der andere General sein Pferd, mit der Absicht, ein Ende herbeizuführen.

»Im Namen des einzigen Herrschers!«, schrie General a).
»Im Namen des einzigen Herrschers!«, schrie General b).

Daß es sich um einen besonders gefährlichen und ungemein vernichtenswerten Gegner handelte, glaubten beide fest – bevor der Speer des einen im Bauch des anderen und der Speer des anderen im Bauch des einen stak, sie offenen Mundes vom Pferd kippten.

Als das der amtierende Truppenführer von General b) sah, hielt er die Zeit für gekommen, nun (im Interesse der Sache) auch das letzte und äußerste für den Sieg zu unternehmen. Die Weisung gab er persönlich. Schnell hatte die reichlich lädierte und leicht dezimierte Betreuungsmannschaft alle Vorbereitungen getroffen. Der Truppenführer ließ es sich nicht nehmen, die Waffe des äußersten Notfalls eigenhändig zu starten. Er hörte noch das Zischen der Rakete – die fast gleichzeitig erfolgende Detonation vom Universalsprengkopf des Gegners hörte er nicht mehr.

Ein voller Erfolg, vom Schlachtfeld war weithin nichts mehr zu sehen, nur Geruch von Verbranntem verkündete das Ende des Kampfes.

Inhalt

I

II

Uwe Saeger

Das Überschreiten einer Grenze bei Nacht
Aus einem Herbst jagdbaren Wildes

Zwei Novellen.
224 Seiten. Geb.

Sein erstes Buch in der Bundesrepublik zeigt den Ingeborg-Bachmann-Preisträger 1987 als einen Meister der dramatischen Zuspitzung alltäglicher Begebenheiten. Eine »große Metapher des Fliegens und Scheiterns im DDR-Alltag, des Absturzes aus dem sozialistischen Ideal in den realen Sozialismus« nannte Ulrich Weinzierl in der FAZ Saegers preisgekrönten Text »Aus einem Herbst jagdbaren Wildes« – ein Traum vom Fliegen in den neuen, frischen Winden aus Moskau, der notwendig mit einem Absturz in den spezifisch widrigen Luftverhältnissen östlich der Elbe enden muß.

»Uwe Saegers Prosa gehört in diesem Frühjahr zu den überraschendsten, den bemerkenswertesten Importen aus der DDR: überraschend der Kühnheit und der Entschlossenheit wegen, mit der er die neue Melodie, die in Moskau von den Dächern gepfiffen wird, in einleuchtende Geschichten umsetzt, und eindrucksvoll durch die erzählerische Virtuosität, mit der dieser Schriftsteller uns Staatsaktionen und ihre weitreichenden Folgen am Beispiel alltäglichster Familienkonflikte anschaulich zu machen versteht.«

Frankfurter Allgemeine Zeitung

»Hier wird schärfste Beobachtung zur Energie, die die ›richtige Geschichte‹ gleichzeitig konstituiert und ausleuchtet: dahinter steht ein Bewusstsein, das, zu gleichen Teilen von Ironie und Menschlichkeit bestimmt, Motiv, Bedeutungspotential und sprachlichen Ausdruck zu völliger Kongruenz bringt.«

Neue Zürcher Zeitung

Gert Heidenreich

Die Gnade der späten Geburt

Sechs Erzählungen. 146 Seiten. Geb.

Diese Erzählungen stellen in einer bewegenden, poetischen Sprache unsere so leichtfertig beschworene Unschuld gründlichst in Frage.
Die Bilder, die vor uns entstehen, lassen so leicht nicht los, schenken nicht die Gnade der Beliebigkeit – sie fordern eine Stellungnahme, sie rufen uns – ohne daß der Autor sich zum Richter aufschwingt – vor das Tribunal geschichtlichen Wissens und Gewissens.

»Ein lesenswertes, notwendiges Buch.« Der Tagesspiegel

Vom gleichen Autor sind lieferbar:

Eisenväter

Gedichte. 117 Seiten. Geb.

Füchse jagen

Schauspiel auf das Jahr 1968
101 Seiten. Serie Piper 788

Die Steinesammlerin

Roman. 175 Seiten. Serie Piper 753

Der Wetterpilot. Strafmündig

Zwei Stücke. 166 Seiten. Serie Piper 745

Hanns-Josef Ortheil

Schwerenöter

Roman. 645 Seiten. Leinen

»Der Roman erzählt vom zwiespältigen Wesen der Deutschen und verwirklicht es zugleich in seiner Erzählweise: ›Schwerenöter‹ enthält beides, ›das melancholisch Tiefsinnige wie das leichtsinnig Schürzenjägerhafte‹, verstiegene Theorie und rauschhaften Erfahrungshunger, und zwar jeweils in Hülle und Fülle. Man kann sich kaum satt lesen an diesem entfesselten Erzählen . . . ›Schwerenöter‹ ist ein großer Wurf.«

Mainzer Allgemeine Zeitung

Ortheil schreibt »in einem südlich heiteren, über den Dingen stehenden Ton . . . So wird aus einem Roman mit sehr deutschem Stoff zugleich ein Schelmenroman.« Die Welt

»Der ›Schwerenöter‹-Roman ist eine anhaltende Verführung zur Lektüre: zum langen und wiederholten Lesen.« Rheinischer Merkur

»Der Zeitroman über die Bundesrepublik ist da.« Lübecker Nachrichten

»Hanns-Josef Ortheil schreibt den lange erwarteten großen Roman unserer Republik.« Rheinischer Merkur

---

Marcel Reich-Ranicki (Hrsg.)

Erzählte Gegenwart

Zehn Jahre Ingeborg-Bachmann-Preis
Die Geschichten der Preisträger
Mit einem Vorwort von Humbert Fink und einem Nachwort von Marcel Reich-Ranicki. 180 Seiten. Geb.

Zum zehnjährigen Bestehen des Ingeborg-Bachmann-Wettbewerbs versammelt dieser Band die zehn Geschichten, für die der Preis bisher vergeben wurde – eine Anthologie der vielversprechendsten Autoren des letzten Jahrzehnts.
Gut zwei Dutzend Texte werden jährlich hier vorgetragen, kritisiert und bewertet. Die Autoren, die bisher den Preis erhalten haben, gehören zweifellos zu den bemerkenswertesten literarischen Entdeckungen des letzten Jahrzehnts – daß sie sich alle »durchgesetzt« haben, ist sicher nicht ganz unwesentlich auf die Attraktivität und Publizität des Bachmann-Preises zurückzuführen.
Bisherige Preisträger waren, von 1977 bis 1986: Gert Jonke, Ulrich Plenzdorf, Gert Hofmann, Sten Nadolny, Urs Jaeggi, Jürg Amann, Friederike Roth, Erica Pedretti, Hermann Burger und Katja Lange-Müller.
In seinem Nachwort resümiert der Frankfurter Kritiker Marcel Reich-Ranicki, der über die ganzen zehn Jahre hinweg als Sprecher der Jury das eigentliche »Herz« des Klagenfurter Wettbewerbs war, seine Erfahrungen, seine Eindrücke aus dieser Dekade. Jeder, der seine vehement zupackende Art des Umgangs mit Literatur kennt, wird diesen Beitrag mit Spannung erwarten. Eine Bestandsaufnahme, eine Standortbestimmung dessen zu geben, was heute als deutsche Gegenwartsliteratur firmiert, dazu dürfte niemand berufener sein – und kein anderer würde seine nicht immer bequeme Meinung mit der Schärfe und Prägnanz formulieren wie Marcel Reich-Ranicki.

LITFASS

Zeitschrift für Literatur

Herausgegeben von Uwe Heldt

LITFASS will:
Neue Autoren mit ihren Arbeiten vorstellen und ihnen eine erste Publikationsmöglichkeit bieten.
Bekannte Autoren mit neuen Arbeiten präsentieren.
Neuen Wegen in der Literatur eine Chance geben.
Alte Fragen der Dichtung neu stellen helfen.

LITFASS soll:
Eine unterhaltsame Lektüre für Leselustige, ein unterrichtender Lesestoff für Schreiblustige, ein informierender Spiegel der Gegenwartsliteratur für alle sein, die auf dem laufenden bleiben wollen.

LITFASS ist:
»Eine Zeitschrift, die man lesen sollte, weil sie die ›Szene‹ spiegelt, die es ›jetzt‹ gibt.« (Helmut Heißenbüttel)
